妈妈的规矩
孩子的未来

于书全　张海君◎著

北方妇女儿童出版社
·长春·

图书在版编目（CIP）数据

妈妈的规矩 孩子的未来 / 于书全，张海君著．--
长春：北方妇女儿童出版社，2024.6
ISBN 978-7-5585-7980-6

Ⅰ．①妈… Ⅱ．①于… ②张… Ⅲ．①家庭教育
Ⅳ．①G78

中国国家版本馆 CIP 数据核字 (2023) 第 200681 号

妈妈的规矩 孩子的未来
MAMA DE GUIJU HAIZI DE WEILAI

出版人　师晓晖
策划人　陶　然
责任编辑　关　巍
装帧设计　天下书装
开　　本　710mm × 1000mm　1/16
印　　张　12
字　　数　145 千字
版　　次　2024 年 6 月第 1 版
印　　次　2024 年 6 月第 1 次印刷
印　　刷　三河市南阳印刷有限公司
出　　版　北方妇女儿童出版社
发　　行　北方妇女儿童出版社
地　　址　长春市福祉大路 5788 号
电　　话　总编办：0431-81629600

定　　价　49.80 元

前言

都说“父母是孩子的第一任老师”，在每个孩子的成长路上，父母的言传身教起着相当重要的作用，尤其是妈妈，她们对孩子成长的影响举足轻重。要知道，一个合格的妈妈，不仅能给予孩子最及时贴心的照顾和关爱，还能通过自身的言行来影响和规范孩子，帮助他们向着更加阳光积极的方向成长。

纵观历史长河，曾出现过不少教子有方的母亲，比如断机杼教子的孟母、教子惜阴的陶母、责子退粮的李畲母……她们的故事家喻户晓、流传千古，影响并启迪着一代又一代的母亲，让她们懂得教子的重要性，同时也意识到通过规矩来教子的必要性。

提到规矩，大家并不陌生，大到法律规章制度，小到吃穿用度出行，规矩存在于我们生活的方方面面，不断对我们的发展产生约束和规范作用。正是因为有了规矩的存在，我们的生活才变得规律、规范，发生在生活里的问题也才能迎刃而解。

回归到教育孩子这个话题，一个合格的母亲，必定是懂得运用规矩来教子的母亲。换句话来说，如果一个妈妈懂得在教育孩子的过程中引入规矩，通过给孩子定

积极向上的规矩、告诉他为人处世的道理以及自我提升的正确方法等，那么这个妈妈的教育必定会效果显著，而孩子的成长也会如鱼得水。

所以，给孩子定必要的规矩，不仅是每个妈妈教育孩子的绝佳方法，还是促进孩子成长的最强辅助。基于这样的现实背景，我们特意编写了这部《妈妈的规矩 孩子的未来》读本。这部作品围绕家庭教育的话题展开，重点关注妈妈和孩子之间的亲子教育关系，在综合多部心理学经典著作和亲子教育作品后，从妈妈的视角出发，选取亲子教育中存在的诸多现实问题编写而成。

同时，为了丰富本部作品的阅读性和趣味性，我们特意在书中编排了丰富的阅读板块和高清插图漫画，希望能让每位读者通过图文并茂的阅读来深刻体会亲子教育中的妙趣横生，并获得有助于提升亲子教育实践的诸多启发。

目录

第一篇

个人成长中的规矩

“不从高处往下跳。不突然跑到马路上，过马路要走斑马线、看红绿灯！”

听到孩子们奶声奶气的话，我们或许只是会心一笑，但仔细想想，这些话听起来是不是很耳熟？当我们还在头疼于孩子还小、不够懂事、不守规矩、无法沟通时，孩子其实已经在我们潜移默化的教导中，适应了一些简单的规则。

想要让孩子对规则有更强的认知，就需要我们去帮助孩子了解规则，知晓不守规则的后果，意识到遵守规则的重要性，从而建立起遵守规则的意识。

提升孩子的素质，不要让他出口成“脏”

每个家长都期盼孩子能够成为文明、知礼、有教养的人，因此当孩子说脏话时，家长的第一反应就是制止。制止在当时或许是很好的办法，但要真正纠正孩子的习惯，却要靠制止之后的沟通。批评和责骂可能让孩子们对脏话的记忆更加深刻，从而和我们最初的目的背道而驰，因此想要真正纠正孩子的行为，还要靠合适的沟通方式与孩子自身的认知。

思维延伸

孩子的出口成“脏”，往往是从模仿开始的。在最初听到这些话的时候，他们并不懂得这些话的真正含义，或许仅仅是因为好玩，甚至纯粹是因为听得较多而进行模仿。而这些模仿，往往会迎来他人的额外关注。不论这些关注是好是坏，在懵懂的孩子眼中，他因此成了我们关注的对象，成了视线的中心和焦点，而这也促使孩子将“脏话”当成了一种吸引注意力的错误方式。后来孩子们敏感察觉到语言中蕴含的情感色彩，就会仿照大人，在类似的情况中以不恰当的话语进行表达，“脏话”就变成了一种对自身情绪不正确的宣泄方式。

故事在线

夕阳西下，路上车水马龙，行人纷纷。

这是放学的时间，黄月刚把儿子闹闹接回了家。不过此时她并不开心，倒不是因为闹闹闹腾，也不是因为他闯了什么祸，而是因为她今天在接孩子放学的时候听到了闹闹在说“脏话”。

闹闹在看到妈妈前，和同学有说有笑地走出校门，本以为他们在聊什么趣事，没想到黄月听到的却是一堆“脏话”，这让她感到很不适。

“你今天为什么说这么多‘脏话’？”黄月的语气很严肃。

“我就是跟朋友闹着玩儿而已……”闹闹觉得妈妈有点儿小题大做了，不就是开心激动的时候说了几句脏话吗？

“你这些‘脏话’是从哪里学的？”黄月还是一副不苟言笑的模样。

“哪里还记得……”他还真的不记得是从哪里听到的了，只是觉得有趣就学了起来。

“以后不许再说‘脏话’，听到了吗？”

“听到了……”

看到闹闹半合着眼敷衍应答的样子，黄月就知道他根本没把自己的话听进去。她还想说些什么，却看到了闹闹递给自己的成绩单。

黄月看了一眼说："你的成绩……"

闹闹指着成绩非常得意："进步很大吧？所以你今天就不要再数落我了，让我好好开心一下吧！"

看了看成绩，又看了看孩子，黄月也觉得"脏话"的事情改天再谈吧，孩子的成绩取得这么大的进步，自己还总是提一些让他不开心的事情也不好，不如迟几天再和他好好讨论这件事，反正也不差这几天。

这么想着，黄月也就暂时放下了对闹闹的说教。但是她没想到，就是迟了的这几天，给了他闯祸的机会。

就在黄月因成绩进步对闹闹放松教育的第三天上午，他的班主任就打了电话过来，说闹闹跟别人打架了！

黄月接到电话，赶紧请假赶去学校了解情况。见了班主任后黄月才知道，原来闹闹因为对一个男同学讲“脏话”而激怒了对方，两个人就展开了对骂，后来双方的火药味儿越来越浓，直接

就变成了打架斗殴，还好老师及时发现并阻止了他们。尽管两个男生被及时阻止了，但身上还是有了伤痕。

“以后你要是再讲一句‘脏话’，被我听见，你可就要被扣零花钱了！”看着挂了彩的闹闹，黄月感到心疼，但对他的素质更为关注。

闹闹低着头应了一声。

黄月知道孩子这是答应了自己，看来他也认识到自己的“脏话”给人带来了误解，下决心想要改正。

很快，闹闹说的“脏话”越来越少了。

智慧启迪

文明是中华民族的传统美德，我们自然希望孩子们能将其继承并发扬下去，因此孩子的“脏话”往往能轻易挑动家长脆弱的神经，但打骂并不是一个好的纠正方式。突如其来的责骂，或许能吓住孩子一时，却无法让孩子从心底里产生认同感，甚至可能让孩子觉得暴力是可以接受的行为。面对这样的情况，我们最需要做的是正确引导。

温故知新

顾萍下班回家时，丈夫正在厨房做饭，见到她回来，脸上的表情特别惊讶。

“今天这么早就回来了？”丈夫放下手中的锅铲，接过她手中的背包。

顾萍一脸严肃地走向客厅，偷瞄了一眼正坐在沙发上看电视的儿子小雨。

丈夫不解，追在身后询问道：“出什么事儿了，怎么这副表情？”

顾萍转头看向丈夫，低声道：“我今天接到小雨班主任的电话了，老师说他最近在学校经常骂人，影响特别不好，让我们平时在家多注意。”

“臭小子，看我不打死他！”

丈夫听完，撸起袖子就要朝客厅冲，被顾萍一把拦下。

“你冷静点儿！”顾萍说道，“你觉得打他一顿真能解决问题吗？说不定还会让他产生叛逆心理，变本加厉。”

“那怎么办？”顾萍老公一听，泄了气。

“先去和他谈谈。”顾萍将外套脱下丢给老公，然后走向正在客厅看电视的儿子。

小雨听见有声音，抬头一看才发现是妈妈。

“妈妈回来了！”小雨叫道。

顾萍走过去坐在小雨身边，关心地问道：“最近在学校怎么样？”

小雨身子突然一怔，心虚地摸了摸鼻子，忐忑道：“妈妈，你是不是听谁说什么了？”

顾萍故作严肃道：“你自己说，还是我替你说？”

小雨一听，立马倒豆子似的，把最近干的坏事儿都说了出来，还顺带说了两件顾萍不知道的事。

顾萍语重心长地教育小雨道："你觉得自己这样做对吗？"

小雨低头看着脚尖，半晌摇了摇头。

顾萍又道："罚你这周不准看电视，现在立刻回到房间去。"

小雨有些不服，气鼓鼓地丢掉遥控器回房间了。

顾萍望着小雨的背影，忍不住叹了口气。

教育孩子任重而道远，绝不是简单的一句话、一次惩罚就能改正的，看来她以后还有很长的路要走。

知识拓展

发现孩子出口成"脏"，我们首先要做的是了解孩子为什么开始说脏话，是通过什么途径听到了这些语言，又为什么会使用这些语言。随后便是要与孩子进行沟通，帮助他们意识到说脏话的不良影响，便于他们理解为什么这种语言是不好的，并鼓励他们找到更好的方式来表达自己的想法和情绪。我们可以鼓励孩子使用更礼貌一些的语言来表达自己的情绪，也可以与孩子一起思考一些更恰当的方式来表达他们的情绪，如"我很生气"或"我感到非常不满"。同时，作为家长的我们也要以身作则，避免使用脏话或粗俗的语言，以防对孩子产生负面影响。当然，我们也可以明确告诉孩子说脏话是不允许的行为，但要对孩子保持尊重和耐心，不轻易发脾气或使用暴力。

想要避免孩子出口成"脏"，我们可以引导孩子多读好书，读书不仅可以丰富孩子的精神世界，还能使孩子学会思考，懂得宽容和大度。

零花钱

黄月告诉闹闹，如果他再说脏话，就扣他的零花钱……

增强孩子的教养，学会不乱动他人物品

孩子出生在这个世界上，如同一张光洁的白纸，渴求着所有的色彩，也期待着各种各样的未知。但别人的隐私和个人物品等，却不该是孩子不经允许探寻甚至翻动的类型。学会尊重他人的隐私，在获得对方同意前，不随意取用对方的任何物品。学会细心和谨慎地对待私人物品，对自己负责，是每个孩子的必修课。

思维延伸

孩子从小在家人的陪伴下长大，难免对人与人之间的界限感十分模糊，如果教导不及时，难免会出现乱翻乱动他人隐私的事情。孩子喜欢乱翻别人的隐私的重要因素之一，还是好奇心在作祟。孩子们天生对周围的事物充满好奇心，甚至可能没有隐私的意识，或不明白侵犯他人隐私的严重性。他们没有学会如何控制自己的欲望或好奇心，还没有养成尊重他人隐私的良好习惯，也没有意识到尊重他人隐私的重要性。同时一部分孩子因为缺乏关注和沟通，虽然已经明白了隐私的私密性，却试图引起他人的注意来满足自己的情感需求，因此也容易做出错误的行为。

故事在线

今天天气很好，阳光明媚，蓝天、白云也都纯净得像画家精心绘画出来的一样。

李玉早在前两天就跟堂姐约定今天要去她家串门，所以一早她就带着牛牛乘坐公交车来到了堂姐家。

“你家小孩都已经长这么大了！”堂姐看到白白嫩嫩的牛牛忍不住逗逗他，“你今年多大了呀？”

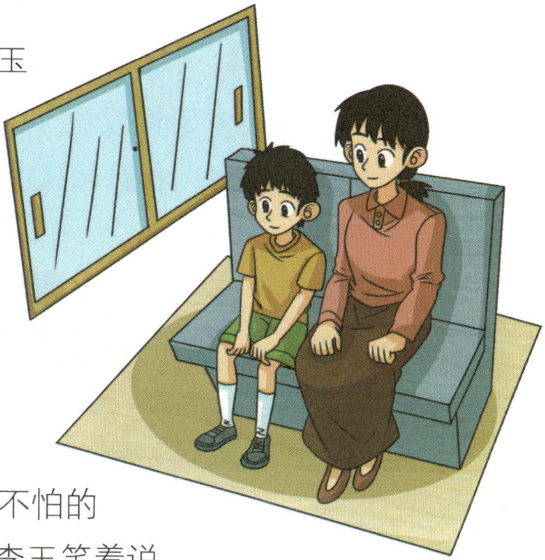

牛牛年纪还小，被逗得往李玉怀里躲，也不吭声。

“牛牛今年五岁啦！”李玉一边用孩子的语气回答，一边把牛牛从怀里拉出来给堂姐瞧瞧，“牛牛，妈妈不是教育过你吗？见到长辈要问好，你快向姨妈问好。”

牛牛还是躲着不说话。

“这孩子，平时一副天不怕地不怕的模样，见到亲戚反倒不说话了！”李玉笑着说。

毕竟堂姐妹俩也算是有一段时间没见了，两人逗弄了一下孩子就开始聊起自己的近况。两个大人聊天，小孩子可坐不住。李玉和堂姐没聊一会儿，牛牛就忍不住走动起来了，时而摸摸桌子上的杯子，时而跑到窗口瞧瞧。

李玉和堂姐聊得正开心，一时半会儿也不想盯着孩子，想着是在自己堂姐家里，能出什么事儿？于是她也不拘着孩子，只是草草地交代了一句“不要乱动别人的东西”后，就让孩子自己玩儿去了。

事实证明，孩子不看着是真的不行，尤其是年纪小对什么都好奇的孩子，一不留神就能闯出祸事来。牛牛就是这样，才放开他去玩儿没多久，李玉就听到“啪嚓——”一声，是什么东西摔落了。她和堂姐赶紧来到了牛牛面前，看到牛牛没受伤，李玉松了一口气儿，而后又发现牛牛闯了大祸，他把一个看起来很复杂的乐高玩具给摔坏了。

“牛牛，你看你做的什么好事！”李玉板起脸想教育一下孩子，但最终也只是不痛不痒地说了这么一句。

牛牛撇撇嘴，头扭向了另一边，一看就是不愿意听的样子。

李玉溺爱孩子惯了，平时就算牛牛犯错她也舍不得责骂，所以导致现在她一开始教育牛牛，牛牛就把头转向另一边不当回事儿。其实在来堂姐家以前，李玉不是没有教导过牛牛不要乱动亲戚家的东西，但现在看起来很明显，这个孩子根本没听。

为了能让孩子记住这次教训，李玉用给牛牛买玩具的钱赔偿了堂姐，每当牛牛想要买什么东西的时候，李玉就告诉牛牛：“因为你摔坏了亲戚家的玩具，所以你买东西的钱拿去赔偿了。”

开始牛牛还会哭闹着要求妈妈买玩具给他，后来牛牛终于理解了妈妈的意思，就再也没有“没教养”地摔坏亲戚家的东西了。

智慧启迪

隐私就像一个潘多拉魔盒，里面关着的往往是我们不愿意被人窥探的私密空间。推己及人，当去别人家里做客时，关上的卧室大门、上了锁的抽屉、书桌上合上的日记本等物品，无一不让我们时时刻刻直面“潘多拉魔盒”的诱惑，如何稳住心态，约束住自己的好奇心和行为，不去触碰他人的隐私，就是非常重要的修炼功课了。

温故知新

周末，刘娜带儿子康康去同事家做客，两个孩子一见如故，玩得特别开心。

刘娜笑着说道："康康一直吵着没人陪他玩儿，这回可好了。"

吃完饭，两个孩子就要回房间去打游戏。

刘娜扯住康康的袖子，小声询问道："还记得妈妈叮嘱过你什么吗？"

康康回答："不能乱翻东西。"

刘娜又说道："那你记住了吗？"

康康点头："记住了。"

刘娜见康康答应，这才放心地松开手放他去玩儿。

其实刘娜一直反复叮嘱是有原因的，之前她带康康去亲戚家做客，结果康康翻人家的抽屉找玩具，还抢人家的平板电脑。

虽然亲戚嘴上说着小孩子玩闹不介意，可刘娜知道，绝对不能纵容康康养成这种坏习惯。

这次出门前，刘娜对康康千叮咛万嘱咐，嘱咐到最后，康康都有些不耐烦了。所以从康康进房间后，刘娜就一直悬着一颗心。

终于到了该告别的时间，刘娜起身来到房间外敲门，同事的儿子打开门后笑着和她打招呼。

刘娜点点头，视线先是在整洁的房间内环视一圈，然后才落在乖乖坐在地上、手里拿着玩具的康康身上。

“康康，我们该回家了。”刘娜对康康说道。

孩子们虽然有些不舍，却还是在家长们的催促下挥手告别。

带着康康回家，路上刘娜特意绕了个弯儿，拐去附近的一家商场。康康以为妈妈想要去超市买食物，没想到刘娜直接带他去了游戏机旁。

“这是你今天在阿姨家玩过的游戏机，妈妈也买给你，作为奖励。”刘娜对康康说道。

康康疑惑：“奖励？”

刘娜说：“因为你好好完成了妈妈叮嘱的话，没有乱翻别人的东西，所以要奖励你。”

有了妈妈的奖励，康康更是将叮嘱牢记在心，再也没有乱翻过别人的东西。

知识拓展

面对乱翻和乱闹的行为要如何引导

想要教会孩子尊重他人的隐私，首先要让孩子知道什么是隐私。从小就为孩子树立良好的规则意识，有意识地引导孩子遵照规则做事。同时，也要培养孩子的自我控制和自我管理能力。让孩子学会控制自己的好奇心和欲望，学会细心和谨慎地处理自己的物品。也可以与孩子一起制定规则和纪律，让孩子明确知道什么是可以做的，什么是不可以做的。对于有些因为缺乏关注或沟通，试图引起他人的注意，通过翻看别人的隐私来满足自己的情感需求的孩子，我们应该关注孩子的情感需求，给予孩子足够的关注和爱。我们应当适度引导孩子通过其他方式满足好奇心，比如阅读、探索，以此让孩子知道翻看别人的隐私不是满足好奇心的正确方法。当孩子做到不再乱翻别人的隐私时，我们应该给予孩子正面的反馈和奖励，让孩子知道这是一种正确的行为，应该得到鼓励和支持。

后遗症

最近牛牛在家里拿东西都是轻手轻脚的，李玉有些奇怪……

让孩子注意个人卫生，保持房屋整洁

一些细小的生物常常携带着各种疾病，如苍蝇、蟑螂等“四害”身上就可以携带一百多种病原体，对孩子的健康造成极大的威胁，让人防不胜防。想要尽量保护孩子不受侵害，最重要的就是引导孩子做好个人卫生，注意保持房间的干净整洁，从而和这些生物接触到的概率无限缩小，因此将患病的可能掐灭在摇篮中。

思维延伸

良好的卫生习惯可以减少感染疾病的风险、防止疾病传播，有助于保持身体健康，提高免疫力，减少疾病的发生，如肝炎、流感和胃肠道感染等疾病都可以通过预防来避免。良好的卫生习惯可以帮助青少年建立自我保护意识，如避免与不认识的人共用个人物品，不接受陌生人的礼物，减少受到伤害的风险。良好的卫生习惯也可以帮助青少年建立好的社交习惯，如不随地乱扔垃圾、不随地吐痰、不嘲笑他人的身体缺陷等。社交习惯的好坏在一定程度上代表了个人素质修养的高低，在青少年的社交、人际关系方面，具有极大的影响。

故事在线

“吃完早餐了就赶紧把你那间屋子的卫生打扫一下！”陈丹对着儿子说。

“啊——”小松哀号。

小松一大早就被陈丹叫醒起床吃早餐，为的就是能在今天打扫小松房间的卫生。没办法，小松的房间已经很久没清扫了，房间内积灰尘的地方可不少，陈丹感觉每次自己一进小松的房间就呼吸不畅。

“我想今天先写作业……”

“你明天再写！”

“我觉得……”

“不要找任何的借口和理由！”

陈丹已经看透了小松，每次他一碰到打扫卫生的话题就会想逃避，已经好几次了，这次陈丹是不会再让他逃避了。

小松一吃完早餐就被陈丹押到了房间门口，他还想逃避打扫，就说：“妈妈，这不公平，同样都是姓陈，凭什么爸爸可以不来打扫，而我和你要打扫？”

陈丹都快要被小松逗笑了：“你搞清楚，要打扫的只有你，我只是来监督你的，没打算帮你打扫。还有，你爸爸去出差了，所以才不能和我一样监督你！”

小松无奈，只能开工清理房间，手上一边收拾，嘴里还一边喃喃自语：“出差可真是个好事，我怎么就没有出差呢……”

嘴上虽然说自己只是监工，实际上陈丹还是帮助小松打扫房间了。陈丹蹲在地上把小松桌子下的东西全部清理了出来：“空的水瓶，快递盒子，还有抹布……你桌子底下的东西可真多！咦？这还有个足球！”

陈丹把足球抱出来，发现这个足球已经发霉了。

“足球，我的足球！”小松哀号了起来，“我只是一个月没有踢足球而已，这个足球怎么就变成了这样！”

“我猜你是把湿的抹布和足球放在一起一个月，一直没拿出来晾干，这才导致足球发霉了。”

小松哀号了一会儿，又被陈丹叫去清理自己的衣服。这回小松的哀号声更凄惨了，因为他发现自己最爱的一件球衣也发霉了，这可是他苦苦哀求了爸爸妈妈很久才买到的球衣呀！

“上天为什么要这么对待我！”小松现在特别难过。

“我也想问你为什么这么对待我们给你买的东西。”陈丹凑过来看，发现小松衣服下好像遮盖住了什么东西，示意小松拿出来。

“这居然是你爸爸的手表！”陈丹很惊讶，“我和你爸可是找了很久呢！”

小松这回不说话了，因为他完全忘了自己拿过爸爸的手表这回事。

“小松！”就在小松神游的工夫，陈丹看到了一只蟑螂，“你看看你房间里都出现了什么？都出现蟑螂了！我以后非得给你定规矩，让你天天都打扫卫生才行！”

陈丹说到做到，结果小松的哀号定时定点地充斥在家里的每个角落。

智慧启迪

青少年是社会的未来，他们的健康与发展关系到整个国家的未来，个人卫生习惯的好坏也和国民素质的好坏息息相关。帮助孩子养成讲卫生的良好习惯，可以有效地防止疾病的传播，保持个人身体健康，塑造良好的社交习惯，提升个人素质修养，也更能获得别人的好感，在社交、人际关系方面发挥积极影响。

温故知新

“你看看你的窝都成什么样子了！”乱七八糟的衣物和杂物摆放让常玉看着就觉得心烦意乱。

常玉是一个有洁癖且有强迫症的妈妈，她总是把家里收拾得井井有条，也总是把玻璃窗、地板、水壶等一切能反光的物品都擦得干干净净，干净得能给人照镜子。但是常玉这样一个爱干净、爱收拾的妈妈有一个特别懒惰、邋遢的儿子。

“小勇，你这张桌子都已经积灰了！”

“小勇，你这件衣服几天没洗了？”

“小勇，你的球不要放在桌子上！”

……

这样下去可不行，小勇可不能就这么一直邋遢下去，常玉心想。

为了能够让小勇培养良好的卫生习惯，常玉制订了一个计划表。计划表里要求小勇每天都要叠好被子、收拾衣服，每隔三天擦一次桌子，每隔一个星期就要打扫一次房间。

初次见到这个计划表的时候，小勇都惊呆了，自己这是要提前感受军训了吗？

是的，小勇确实要提前感受军训了，因为常玉不仅是一个有洁癖的妈妈，还是一个非常自律的妈妈，她每天都会检查小勇是否完成了自己给他布置的任务！

常玉不仅每天检查小勇是否做到清洁卫生、整理房间，还教会小勇很多做家务的方法。

有一句话这样说，“培养一个好习惯需要二十一天的时间”。而小勇在妈妈常玉的监督下，成功养成了爱干净的好习惯。

一个假期过去，小勇也面临着升学军训，但是常玉一点儿也不为小勇担心。果然，军训结束后，小勇非常开心地告诉常玉，自己被教官夸奖了，因为自己的被子叠得最像豆腐块，自己的卫生也搞得最干净。

常玉也很高兴，因为自己的儿子再也不是以前的“邋遢大王”了。

知识拓展

青少年要养成良好的卫生习惯，最简单、基础的方式就是勤洗手，尤其是在咳嗽、打喷嚏、上厕所后，可以用肥皂和流动水洗手，避免交叉感染的发生；也要勤刷牙、勤洗澡，保持皮肤干净，对指甲进行合适的修剪，保持服装整洁，经常换洗。干净整洁的外在形象，可以使自己觉得舒适，也往往是外人第一印象所在意的地方。但第一印象也并不是万能的，个人素质同样十分关键。不随地吐痰，不乱扔垃圾，不吸烟，不喝酒，远离赌博、毒品等危险品，就是我们的第二张名片。这张“名片”上所书写的东西，决定了因第一印象建立关系的人会不会有更多的来往，在一定程度上甚至决定着社交圈的构成。不吃不干净的食物，不喝生水，避免生食，不食用腐败变质的食品可以避免患病。按时作息，保证充足的睡眠，建立健康的生活规律，可以帮助青少年养成健康的体魄。

个 性

陈丹一边从小松的桌子下清理东西，一边抱怨……

培养孩子规律作息的能力，提高身体素质

昼夜颠倒的生活，会打乱我们内分泌系统的正常运行，如黑眼圈、粉刺、痘痘、皮肤粗糙松弛、记忆力减退，都会随着不规律的作息接连而至。成人作息不规律尚且如此，孩子的免疫系统还比不上成人完善，作息的不规律，对于孩子身体素质的影响只会更加消极。帮助孩子养成规律的作息，增强体质，也能更大程度地减少疾病的侵扰。

思维延伸

一日三餐，早睡早起，这其实就是最简单的生活节奏。规律的生活节奏可以帮助孩子养成良好的睡眠习惯，提高睡眠质量，从而帮助孩子们保持清醒的头脑，在学习时更加积极主动，提高学习效率。同时规律的生活也有助于孩子保持情绪的稳定，有更多的耐心和毅力去面对生活中各种各样的挑战，也更能帮助孩子保持健康的体魄。在规律生活的同时，鼓励孩子进行适当的体育锻炼，如跑步、跳绳、打球等，可以适当消耗孩子的精力，在身高的提升上也有较大的帮助，更能够提升孩子的身体素质，帮助他们保持健康的状态。

故事在线

赵雯的女儿小薇是一个非常优秀的女孩儿，成绩总是名列前茅，而且为人友善谦逊，有很多好朋友。有这样一个女儿，赵雯常常感到欣慰。

不过，最近赵雯觉得有些担忧，因为小薇总是在熬夜，本应该睡觉的时间让她拿来学习了。赵雯好几次劝小薇不要学到这么晚，但是小薇每次都说："妈妈，我再学一会儿，再学一会儿我就休息了。"

每次看到女儿恳求的眼神，赵雯就开始心软，任由女儿熬夜。这也没办法，升学之后女儿常常感到有压力，尽管她的成绩一向不错，但她总是担心自己的成绩会退步。别说小薇了，赵雯也担心，做父母的哪个不在意孩子的成绩呢？所以赵雯对女儿熬夜这件事情其实没有多大的意见。

可是熬夜学习似乎没有多大的成效，小薇的考试成绩还是退步了。

"我都已经这么努力学习了，为什么成绩还是退步了呢？"小薇很难过，"是大家比我更努力吗？"

"其实这个成绩也不错，"赵雯觉得这个时候有必要安慰安慰小薇，"毕竟学的东西越来越难，但你还能考出这样的成绩，妈妈觉得你很棒！"

可是这样的安慰对于小薇来说不是很管用。

小薇开始花费更多的时间来学习。她又开始熬夜，而且熬夜时间比之前更晚了，赵雯算了一下，小薇一天的睡眠时间可能只有不到七个小时。不仅如此，小薇还把自己周末的空闲时间也拿来学习了，就连朋友打电话邀约她出去玩儿也被她拒绝了。

赵雯其实想劝劝小薇不要熬夜、不要一天到晚都只坐在书桌前，但是看着小薇奋斗的样子，赵雯又觉得自己的孩子这么努力学习，自己怎么还要劝她不要学习呢？于是赵雯也就没说什么了。

但是现实很快又给了人一击。小薇又一次考试没考好，甚至比上次考试退步更大了，而且小薇跟赵雯说她身体不舒服。赵雯顾不上成绩，赶紧先带小薇去医院检查，检查结果出来后，发现

小薇体检的各项指数都不太好，简直是在亚健康的红线上徘徊。

医生告诉赵雯，小薇是熬夜太多加上不运动，给身体造成了负担，如果再这样持续不好的习惯，她的身体就要处于亚健康状态了。

这可把赵雯吓坏了，她再也不敢任由女儿熬夜了。从那天起，赵雯天天安慰小薇，一到时间就开始督促女儿睡觉；也是从那天起，女儿在得到了充分的休息后，成绩居然渐渐提升了回来。

赵雯心想：看来学习不光跟学有关，跟休息也有关系呀！

智慧启迪

生活节奏良好，保持科学的饮食习惯和运动习惯，有助于孩子的身体健康，可以帮助他们有更充沛的精力去面对各种突发情况的挑战。同时，规律的生活还可以帮助孩子养成良好的睡眠习惯，保证充足的睡眠，有助于身体的恢复和成长，更可以帮助孩子们变得更加乐观、自信，有利于孩子的心理健康。

温故知新

最近陆芳觉得儿子小伟有点儿不对劲儿，因为他的黑眼圈一天比一天重，每天都打不起精神。她猜测，小伟可能半夜玩手机了。

最近一段时间，陆芳刚给小伟买了一部手机。她的想法很简单，孩子长大了，该有的东西还是得有，给他买部手机不仅方便联系，而且方便他查找资料什么的。至于儿子会不会沉迷于游戏这一点，陆芳不是没有考虑过，但她决定相信儿子，毕竟总不能因噎废食吧？

但是没想到现在小伟真的沉迷于手机，甚至为了玩

手机而熬夜。那一天晚上，陆芳十分顺利地抓获了蒙在被子里玩手机的小伟。

陆芳是一个非常开明的妈妈，她觉得不熬夜玩手机这种事情有时候连大人都做不到，更不要说一个小孩子了。所以陆芳没有生儿子的气，而是暂时没收了手机，让他好好睡觉，第二天又好好跟儿了聊了这件事。

母子俩协商后决定，以后晚上睡觉的时候陆芳没收手机，第二天早上吃完早餐后陆芳再把手机还给小伟。所以越早起床，小伟就能越早拿回手机，当然陆芳也做了规定，早起的时间最早不能在六点以前。

“这也算是给儿子的成长上了一课，让他学会做人要自律了吧！”陆芳乐观地想。

果然，手机的诱惑是巨大的。为了能够拿回手机，小伟可以说是天天六点钟就起了床。他不仅自己起了床，还顺带叫醒了爸爸妈妈，有时候甚至还出去给爸爸妈妈买了早餐回来。

就这样坚持一段时间后，陆芳发现自己的身体似乎都变得健康了许多。

现在陆芳又制定了新的规矩，让小伟起床后先和自己出去锻炼后再拿到手机，小伟也欣然同意了，因为健康的作息规律对于他来说真的太舒适了。

知识拓展

要怎么做才能拥有规律的作息呢?

帮助孩子养成规律的作息，不是一时片刻就能完成的，需要持之以恒地努力。但在最初，我们可以陪孩子一起，制定一个固定的、合理的作息时间表，让孩子养成良好的作息习惯。时间表可以包括起床时间、睡觉时间、学习时间、游戏时间等。和孩子进行充分的沟通后，所建立的孩子不反感的作息表，才能最大限度地让孩子自愿坚持执行。同时也要帮助孩子建立规律的饮食习惯，定时吃饭，不过饱，不过饥，尽量不吃零食，保证均衡的营养。每天进行适当的运动，保持健康的体魄。保持室内安静、舒适、温暖，则有助于提高孩子的睡眠质量。我们可以鼓励孩子设立学习计划，科学安排每天的学习时间，避免枯燥重复的学习，降低学习质量。帮助孩子拥有规律的作息是一个持之以恒的过程，需要家长和孩子共同的耐心和坚持，但一旦坚持下来，就能获得无尽的好处和最优秀的身体素质。

进 步

小薇想要学习进步，所以总是熬夜……

让孩子学会欣赏自己，做独一无二的自己

世界上没有一片同样的叶子，即使外形相似，也会因为阳光、雨露、营养等方面的差距，而在叶脉、颜色、手感上各有差异。人就像叶子一样，就算是同卵双生的双胞胎，外形再怎么相似，也会有不同的性格经历，每个人都是独一无二的存在。正因如此，才造就了生活的精彩变化，让每一天都无比新鲜。

思维延伸

每个人的独特造就了生活的多彩，学会欣赏自己的美也是一门学问。就像是“只在此山中，云深不知处”，孩子们本该对自己是最熟悉的，但往往因为太过熟悉，反而难以找到自己身上的闪光点。有的孩子因此变得自卑，觉得自己和别人有很大的差距。人家是白天鹅，自己却是一只丑小鸭。所以，帮助孩子学会欣赏自己，消除自卑感，是非常重要的。擅长欣赏自己的孩子，不仅使他们自信，往往还会使他们很少出现焦虑情绪，抗压能力也会更强。不过我们也需要告诉孩子，丑小鸭能够成长为天鹅，是因为它本来就是天鹅的幼崽。所以，相信自己、欣赏自己是很关键的。

故事在线

今天晴晴放学回家后没有像平时一样回到房间写作业，而是来到了厨房前，犹犹豫豫的样子，张开嘴想说点儿什么，又皱着眉头，闭上了嘴。

正在做饭的刘娟当然感受到了不对劲儿，所以她转头问孩子要做什么。晴晴被刘娟询问后，深呼吸了一口气，然后才开口问："妈妈，你觉得我怎么样？"

晴晴这个问题问得没头没脑的，让刘娟不知道怎么回答。

"你怎么突然问这种问题？"

刘娟听说青春期的少男少女心思敏感，也不知道现在晴晴心里都在想些什么。

"我、我……我就是随便问问。"晴晴"我"了半天，最后只憋出了这么一句话来。

这更让刘娟摸不着头脑了："你挺好的呀！"

"真的吗？"

"嗯，快去写作业吧，别站在这儿了，你这样会影响妈妈做饭的。"

"哦……"

晴晴的声音听起来有点儿失落，但是刘娟忙着准备晚饭，没有再顾及女儿心里说不清道不明的情绪。

晚饭的时候晴晴明显看起来有点儿消沉，刘娟是看

到了，但是她也没在意，毕竟孩子的情绪来得快去得也快，刘娟觉得自己没必要什么事都询问晴晴。

不过这个想法在刘娟吃完饭刷手机的时候已经改变了，因为她刷到了一个关于青春期青少年的短视频。短视频里说，青春期的孩子非常敏感，孩子们自我意识会被放大，有些不自信的孩子甚至会无意识地放大自己的缺陷，最后导致自己产生自卑的心理。

一看到这个短视频，刘娟马上就想起了女儿今天放学回家后在厨房门口的犹豫和在饭桌上的低迷。这个时候刘娟担心起来了，晴晴是不是发生什么事了？她是不是也跟短视频里说的一样，在放大自己的“缺陷”？

刘娟坐不住了，她来到了女儿的房间里。因为才开学不久，作业不是很多，晴晴已经写完了作业，正在看书。

“晴晴，你今天发生什么事了吗？”

“没发生什么事。”

“那你今天为什么突然间问我‘你怎么样’这个问题？”

晴晴放下了书本。

“我只是觉得……只是觉得自己好像很差劲。”

自己的女儿还真的就是有不良的自我认知！刘娟被吓得赶紧好好跟女儿交谈。

经过一番谈心之后，刘娟才发现自己的女儿之前一直在贬低自己，把自己做得不好的地方一直放大，对自己特别没有信心，

甚至产生了“我很没用”的想法。刘娟庆幸自己早早发现了这个问题，她每天都会引导女儿去相信自己、欣赏自己。现在，刘娟发现女儿已经很久没有质疑过自己了，这让刘娟感到很欣喜。

智慧启迪

古人常说“千里马常有而伯乐不常有”，再有才能的人，没有被发现他的好，也会如明珠蒙尘，难以让我们领略到他夺目的光彩。但伯乐并不意味着只能由别人担任，我们自己也可以是自己的伯乐。天空有它的高远湛蓝，大地有它的广阔包容，每一个人就像天空和大地，都有着独属于自己的特质，找到自己的独特，也就发现了自己的美。

温故知新

“哇，这是你做的吗？太漂亮了吧！”李瑶看着面前女儿递过来的礼物，忍不住感叹道。

盈盈不安地眨着眼睛，小心翼翼地问道：“真的吗？”

“当然了！”李瑶坚定地说道，“谢谢宝贝的母亲节礼物，妈妈很喜欢。”

盈盈紧锁的眉头舒展

开，朝妈妈露出微笑，一双眼睛亮晶晶的，带着期待与不安。

盈盈说道："这是手工课上老师教我们做的，我看其他同学做得特别漂亮，和老师做出来的一样，但是我的手特别笨，总是做不好，怕你不喜欢。"

说实话，如果不是李瑶接盈盈放学时，见到其他孩子手里拿着的东西，她还真看不出来是手工编织的"玫瑰花"。

"玫瑰花"色泽红艳，却像是缺了水一样垂着头，花瓣也都朝着不同的方向各长各的，有的伸展开，有的蜷缩着，确实算不上好看。

"怎么会不喜欢呢？"李瑶安慰道，"这是盈盈亲手做的，妈妈当然喜欢了，别人做得再好，也没有盈盈做得好。"

盈盈说："但是我做得不够好。"

李瑶明白盈盈在想什么，安慰道："每个人都有各自的特长，虽然你认为自己手工做得不好，但这是你努力过后的成果，其中还包含了你的心意，所以妈妈喜欢。"

李瑶又道："别的同学手工做得好，说明他们动手能力强，可不代表他们事事都可以做好，做得完美。"

盈盈听完妈妈的话，点头赞同道："没错，上次美术课，老师说我画得最好，还把我的画贴在画报上做展示了。"

李瑶说道："盈盈擅长画画，有的同学擅长手工，有的擅长写作，有的擅长运动，你们班上那么多同学，每个人的优点都不一样，不用去和别人作比较，做好自己就行了。"

盈盈抱着妈妈的脖子，亲昵道："我明白了，谢谢妈妈！"

知识拓展

我们要帮助孩子学会欣赏自己，关键就是要鼓励孩子发现自己的独特之处。每个孩子都有自己的个性和特点，我们首先可以通过鼓励和肯定，帮助孩子发现自己的独特之处，让孩子了解到自己是独一无二的。其次就是引导孩子关注自己的优点，优点和独特可以共存，也可以完全不同，善良、有礼貌、有毅力都可以算作孩子的优点，让孩子注意到自己的长处和好的品质，可以帮助孩子增强自信心和自尊心。再次可以通过带领孩子欣赏艺术、音乐等方面的作品，培养孩子的审美观，让孩子了解到美的多样性和丰富性，从而更好地欣赏自己的美。最后适当夸赞也是帮助孩子学会欣赏自己的关键环节。正确且合适地夸赞，可以让孩子对自己的优秀有更充分的认识，也更能感知到我们传递的积极情绪。帮助孩子正确地欣赏自己的美，这样可以增强孩子的自信心和自尊心，从而更好地成长和发展。

特 长

盈盈拿着自己做的手工玫瑰，有些不安地递给了妈妈……

篇末问卷

1. 你有过说脏话的经历吗？你是如何改正这个坏习惯的呢？

2. 如果别人乱动你的东西，你会做何反应？在你看来，乱动别人东西的做法合适吗？说说你的理由。

3. 平日里，你是如何注意卫生的呢？你的房间整洁吗？你是如何保持的？

4. 你的生活作息规律吗？你有坚持体育锻炼吗？结合自己的实际情况说一说。

5. 你懂得欣赏自己吗？说说你是如何在实际生活中欣赏自己，发现自己的与众不同的。

第二篇 家庭生活中的规矩

古语有云：“无规矩，不成方圆。”我们每个人生活在这个世界上都要遵守一定的规矩，否则，社会将会乱成一团。家庭对孩子的影响是潜移默化的，父母的一言一行都会影响孩子的成长。那些有远见的父母，早早就会定下家规，并且身体力行地去践行，为孩子树立良好的榜样。孩子在这种环境里生活，从小便会养成良好的道德品质。

家规教会孩子做事懂规矩、守分寸。但是，这跟培养孩子的创新和胆量并不冲突。我们只需把握好中间的度即可。

给孩子真正的爱，不等于溺爱

每位妈妈都无比疼爱自己的孩子，希望所有的美好都与他（她）相伴。但是，真正的爱要有分寸。适度的爱会滋养孩子，让他（她）茁壮成长；超出一定限度的爱则会变成溺爱，进而影响孩子的成长。一旦你发现自己的孩子变得嚣张跋扈，没有同情心，你就需要反思一下自己是否溺爱孩子。把握分寸，拒绝溺爱，才能将孩子培养成栋梁之材。

思维延伸

随着生活压力的增大，许多家庭要么只生一个孩子，要么将孩子留守，父母外出打工。独生子女家庭由于孩子少，父母以及双方长辈对孩子格外宠溺。凡是孩子提出来的要求，他们往往全部满足，最终造成溺爱，影响孩子的茁壮成长。留守儿童的父母也容易对自己的孩子造成溺爱。平日里，他们外出打工，只有节假日才能与孩子团聚。从内心深处，他们感觉亏欠孩子。他们总是想方设法地去弥补孩子，殊不知，一味地满足最终换来的不是弥补，反而是纵容。孩子的欲望由此膨胀，最终变得一发不可收拾。

我们要杜绝以上两种现象，给孩子真正的爱，而不是溺爱。

故事在线

小梅从上班就一直戴着口罩，同事见了都在关心她是不是生病了。

小梅目光躲闪，闪烁其词地说道：“没什么，脸上长了几个痘，不太好看。”

同事道：“我这里有款祛痘膏，你试试。”

小梅见同事走过来，表情显得更慌张了，躲闪着身体想要拒绝，结果拉扯间不小心弄掉了口罩，露出脸上几道清晰的血痕。

“天哪，小梅，你脸上的伤该不会是被……”同事说到一半儿，突然噤声。

“没，没什么，你别乱想。”小梅赶紧重新戴回口罩，“昨晚和我儿子闹着玩，不小心抓的。”

听了小梅牵强的解释，办公室里的同事们全都噤了声。虽然没有明说，但大家都心知肚明。这已经不是小梅脸上第一次出现伤痕了。

小梅的儿子跳跳从小生活在爷爷奶奶身边，一直到了要上小学的年纪，才被小梅和她老公接回家。就因为小梅觉得亏欠了跳跳，所以她和老公 直很疼爱儿子，几乎是到了百依百顺的程度。也正因如此，跳跳被溺爱成了“熊孩子”，班级里的“小霸王”，成绩也一路下滑。

刚开始小梅也觉得这样不对，管教了几次后，跳跳撒泼打滚，还闹着要离家出走。跳跳说想回爷爷奶奶家，说爷爷奶奶绝对不会像小梅这样对他。

跳跳的话刚好刺痛到小梅内心深处最愧疚的地方，她心疼跳跳，所以只好忍气吞声，想着等跳跳再大一些，肯定能理解爸爸妈妈的苦衷。

但让小梅意想不到的是，随着跳跳年纪一点点地增长，她没等到跳跳懂事，等来的却是老师和同学们的投诉。

跳跳不仅学会了逃课，还在外面跟社会人一起抽烟、打架、打游戏，没钱了就回家向小梅讨要，态度极其恶劣。

昨天晚上跳跳迟迟不回家，小梅知道他肯定又是逃课打游戏去了。就在小梅准备去附近的网吧找人的时候，跳跳回来了，张嘴就是要钱。

小梅终于忍不住了，开口说了跳跳几句，谁知道这孩子竟然

直接冲上来将小梅推倒在地。

“你真的是我亲妈吗？人家孩子要多少给多少，你从小把我丢乡下就算了，要点儿钱都不肯给，我看你根本就不爱我，你说你把我接回来干什么？丢回乡下算了！”

跳跳的话一直回荡在小梅耳边，令她心痛不已，几乎一夜没有合眼。

单位里的同事也大概听说了一些小梅儿子的事情，见她伤心的模样，全都上前来安慰。

同事说道：“疼爱不等于溺爱，总这样下去也不是办法，你再不管就来不及了。”

小梅心里也是这样想的，她今早就和老公商量过了，无论如何都要狠下心来改掉跳跳的坏习惯，绝对不能再继续放任不管了。

智慧启迪

爱和溺爱不是一件事情的程度深浅，也不是你给予孩子的爱太多了就是溺爱，而是两件完全不同的东西。真正的爱，是给予孩子一定的自由、欣赏和宽容，而溺爱则是对孩子的纵容、包办和批评。这两种性质完全不同的爱，对于孩子成长的影响也完全不同。

温故知新

“吃饭了，乐乐。”

热腾腾的饭菜放在桌子上，香味儿早就飘出来了。

当卢婷把最后一盘菜拿出来时，她发现自己的儿子乐乐还坐在沙发上玩手机。她又叫了一声：“乐乐，该吃饭了！”

还是没听见乐乐回应的声音。卢婷知道，乐乐这孩子就是沉迷于手机，完全没听见外界的声音。卢婷走到乐乐面前，用手遮住了乐乐的手机屏幕， 这才把乐乐的注意力从虚拟世界中拉了出来。

“乐乐，吃饭了，叫了你好多遍了。”

乐乐撇撇嘴，说：“我现在不饿，不想吃饭。”

“不吃饭怎么行呢？”对待乐乐，卢婷总是很有耐心。

“不，我就是不想吃！”乐乐鼓着脸，小小的一个人居然也会像大人一样皱眉，卢婷不禁感到好笑。

虽然乐乐闹起了情绪，但是卢婷没有强制命令乐乐吃饭，也没有妥协让乐乐不吃饭继续看手机。卢婷的方法更巧妙，她对乐乐说：“乐乐，你不吃饭你的手怎么会有力气刷手机呢？”

乐乐非常惊讶：“不吃饭手就会没有力气玩手机吗？”

卢婷摸了摸乐乐的脑袋，说：“是呀，不吃饭你就会没有力气，你没有力气了怎么还能拿得动手机玩呢？”

“可是我现在还有力气，我想等到我没有力气了再吃饭不行吗？”乐乐挥舞了一下小手来显示自己很有力气。

卢婷指了指手机屏幕说：“但是手机里面的人会饿呀！你不吃饭，他们就不能吃饭，他们不能吃饭就没有力气继续跟你玩儿了！”

“啊！”乐乐立马从沙发上站了起来，赶紧找到鞋子穿上，并拉着卢婷的手走向饭桌，“妈妈，我们快走，我们不要看他们了，让他们好好吃饭！”

卢婷的一句话，解决了乐乐在吃饭、睡觉的时间还抱着手机不动的问题。

知识拓展

真正的爱与溺爱不同，真正的爱是自由，而溺爱则是束缚。我们如果想要真正爱自己的孩子，就要学会放手，给他充足的空间，让他自主选择、大胆尝试，培养他的独立能力，让他掌握在社会上安身立命的本领。溺爱则是打着“爱”的旗号，剥夺孩子的自由。家长亲力亲为，为孩子准备好一切，细心照顾孩子的一切，孩子即便成年了，依旧生活不能自理，缺乏独立生活和独立思考的能力，成为问题儿童。

真正的爱不仅要懂得给予，还要懂得拒绝。身为父母应当满足孩子的需求，但是，这并不意味着满足他们的所有需求。适当地给予能够给孩子带来呵护，陪伴他健康成长。合理的拒绝也是如此。我们要让孩子知道，父母不是超人，不可能替他完成所有的事情。除此之外，我们还要培养孩子的感恩之心，让他们体会到父母的不容易，学会控制自己的情绪，与父母和睦相处。

妈妈的爱

炎热的夏天，跳跳突然想吃冰糕……

让孩子学会勤俭节约，不要浪费食物

拒绝浪费，不仅是我们大人需要做的事情，同样也是小朋友需要做的事情。小朋友从幼儿园开始就学习古诗，《悯农》这首诗他们早早就耳熟能详，但是，会背诵并不是终点。身为父母，我们要学会引导孩子身体力行地去实践。让小朋友们懂得粮食的来之不易，从小养成勤俭节约、不浪费粮食的好习惯。

思维延伸

古语有云："静以修身，俭以养德。"勤俭节约是我们中华民族的优良传统，值得每个中华儿女学习并传承。

随着生活水平的提升，现在的孩子似乎缺乏节约意识。校园里，浪费现象到处可见，有些不好用的笔、没用完的笔记本被不假思索地直接丢进垃圾桶。餐厅里，虽然张贴着节约食物的标语，但是依旧抵挡不住食物浪费。许多家长误以为现代社会物资充足，孩子们的浪费大可忽略不计。其实则不然，我们都是大自然的一部分，过度的浪费必定会遭到大自然的反噬。

我们要从小培养孩子敬畏大自然、热爱大自然，懂得一日三餐来之不易，拒绝浪费食物。

故事在线

周末，罗娇在家包饺子，儿子齐齐忍不住上前夸赞道：“妈妈包的饺子太漂亮了，一看就很好吃。”

罗娇宠溺道：“好吃你就多吃点儿。”

齐齐又道：“妈妈，你多包点儿，别包太少了。”

罗娇做饭从来都是按照数量做，老公今天加班，只有她和儿子两个人，吃不了多少。

“这些是要冻在冰箱里，等爸爸回来吃的，咱们娘儿俩煮三十个就够了。”罗娇说道。

齐齐摇头反驳道：“不够，不够，我自己就能吃三十个。”

罗娇包的饺子薄皮大馅，齐齐最高纪录也才十六个，三十个太多了。

罗娇劝阻道：“那么多你能吃完吗？”

齐齐说：“能吃完，能吃完，妈妈你就快包吧！”

想着儿子可能是在长身体的阶段，突然胃口大开也说不定，于是罗娇便真的又多包了一些，怕齐齐不够吃。

包好了饺子烧水下锅，齐齐急得在一旁直跺脚。

罗娇手忙脚乱地煮好饺子装进盘子里，对齐齐说道：“端去桌子上吧，你要的三十个，我看你今天能不能吃完。”

“能吃完，绝对能吃完！”齐齐说道。

齐齐向罗娇拍胸脯保证的时候，绝对想不到三十个饺子会这样多。吃到一半的时候他就觉得自己已经饱了，后来勉强吃到二十个，剩下十个，他实在是吃不下了。

想着刚和妈妈打过包票，齐齐趁着罗娇在厨房忙碌，偷偷地把剩下的十个饺子丢到了垃圾桶里。

罗娇煮完饺子出来，刚好见到齐齐面前一干二净的盘子。

“你都吃完了？”罗娇有些惊讶。

“嗯，我吃饱了，妈妈你慢慢吃。”齐齐心虚，赶紧端着空盘子跑开了。

罗娇觉得诧异，却又找不到端倪，只好坐在餐桌前吃饺子。

直到她吃完饺子，收拾屋子的时候，才看到垃圾桶里被齐齐丢掉的食物。

“齐齐，这些饺子是不是你丢的？”罗娇拿着垃圾桶去询问齐齐。

“不，不是……”齐齐目光躲闪，不敢直视罗娇的眼睛。

罗娇见齐齐害怕，放下垃圾桶，心平气和地坐在他身边，安慰道：“你老实和妈妈说，我不生气。”

齐齐小声道：“因为我吃不完。”

罗娇又说：“虽然你之前夸大其词是不对，但是你吃不完可以留着晚上再吃，为了争强好胜而把食物丢进垃圾桶的行为，是错上加错。”

齐齐羞愧地低下头。

罗娇又道：“还记得《悯农》怎么背吗？”

齐齐答："记得，'粒粒皆辛苦'，妈妈我错了，我以后再也不浪费食物了，你把饺子从垃圾桶里拿出来洗一洗，留着我晚上吃！"

罗娇被齐齐气笑了，批评道："知道错了就好，以后绝对不可以再浪费食物了。"

"好！"齐齐向罗娇保证道。

智慧启迪

不管孩子是在自己家吃饭，还是在外和别人一起吃饭，餐桌上没有规矩，既惹别人烦，也丢了一个家庭的教养。餐桌上的规矩，父母早早地就要给孩子立起，这是家庭中必备的教养。比如对餐桌上共同吃饭的人要有礼貌，吃到嘴里的饭菜不爱吃也不能再吐回原来的盘子，不要对着饭菜或周围的人打喷嚏，大家一起吃饭时不要只顾着把盘子全拉到自己跟前，用手抓菜的行为更是不可取等。

温故知新

温桃发现儿子沐沐有一个毛病——遇到喜欢吃的菜时，就会变得非常霸道，他会直接把那道菜拿到自己面前，然后不许任何人再夹那道菜。

发现这个毛病后，温桃劝过沐沐："你这样吃饭，爸爸妈妈就夹不到这道菜啦！"

但沐沐并不在乎，依然我行我素地把菜护在怀里。

温桃尝试着给沐沐讲道理，但他还太小，不明白什么是道理，他只知道自己喜欢吃这道菜，所以他要独占这道菜。

眼见着沐沐就要从不知道餐桌礼仪往没素质的方向发展了，温桃赶紧想了一个办法阻止儿子的恶行继续发展。

这一天，温桃特地煮了沐沐最喜欢的两道菜放在桌子上，沐沐一看到自己喜欢的菜，赶紧把其中一道菜拉到了自己面前，当他想再把另一道菜也拿过来时，发现那道菜已经被温桃拿走了。

沐沐指着菜直嚷着要，但是温桃没有给他，而是对他说，自己也很喜欢他面前的那道菜，如果他愿意把自己面前的菜分享出来，那么她也愿意把自己的菜分享给他。

沐沐摇摇头，不愿意把自己的菜分享出来。

于是温桃直接吃起了自己手边的菜，一边吃还一边直呼好香、好吃。

沐沐惊讶得睁大了双眼，他没想到自己的妈妈真的会不给他那道菜，就连一口都没给他分享。他很着急，看了看自己手边护着的盘子，又看看妈妈

面前的菜，终于把自己喜欢的食物分享了出来。

温桃趁热打铁教导儿子餐桌礼仪：饭桌上不能独占食物，不能对着饭桌或旁边的人打喷嚏，更不能用手抓菜……

不清楚沐沐有没有全部听进脑袋里面，但是他一定记住了饭桌上不能独占食物这一点，因为他后来再也没这样做过。

知识拓展

我们需要从以下几个方面着手，培养孩子勤俭节约的好习惯。

一是家长树立良好的榜样。家长的一言一行会潜移默化地影响孩子，家长以身作则，养成勤俭节约的好习惯，有助于孩子树立勤俭节约意识。

二是通过阅读让孩子明白勤俭节约的道理。儿童读物采取图文并茂的方式，向孩子生动讲述食物的来源、加工过程，帮助他们理解食物的来之不易，珍惜农民的劳动成果。

三是陪同孩子体验劳动。带孩子去农村体验生活，让他们亲手种植小麦或者水稻，体验辛苦的劳动，懂得食物的来之不易，树立勤俭节约的意识。

四是制定节约规则，陪孩子共同遵守。跟孩子约定，吃饭的时候要勤拿少取，要把碗里的食物吃干净。从细节入手，培养节约习惯，拒绝浪费食物。

五是开动脑筋，教会孩子变废为宝的方法。废物再利用的过程不仅有助于增进亲子关系，还有助于让孩子体会节俭的重要性。

几盘菜

晚上，温桃炒了两盘菜，端到了餐桌上……

让孩子学会倾诉，爸妈是值得信赖的人

父母与孩子关系融洽的基础是信任。孩子在成长过程中会遇到不同的烦恼，如果孩子信任父母，便会将这些烦恼全盘托出，讲给父母听；如果他们不信任父母，便会对此只字不提。

父母无疑是希望孩子多跟自己沟通，取得孩子的信任，那么就不要过多干预孩子的生活，给他充足的自由空间，做一个安静的倾听者，引导孩子倾诉自己的情绪。

思维延伸

父母只有取得孩子的信任，孩子才会将自己的心事讲给你听。我们要让孩子知道，父母才是最值得信任、最适合倾诉的人。对于那些不愿意分享心事的孩子，父母可以尝试跟孩子分享自己的小秘密，与孩子建立亲密关系，引导孩子对自己敞开心扉。

随着年龄的增长，孩子们虽然会跟父母沟通，但是经常保持“报喜不报忧”的状态。他们再也不像婴幼儿时期，遇到不开心的事情就号啕大哭，博取父母的关心和疼爱，而是将自己的不开心埋藏在心底。

让孩子学会倾诉，有助于培养良好的亲子关系。当孩子在你面前肆无忌惮，想到什么就说什么，这说明孩子很依赖你。

故事在线

钱燕母女俩吵架了。

起因是钱燕叫女儿菲菲吃饭的时候，菲菲拖拖拉拉半天才走到饭桌前，这让钱燕感到很不开心。吃饭的时候菲菲也是心不在焉的，不仅如此，钱燕发现菲菲似乎是苦着脸吃下的每一口饭菜，这个发现让钱燕心中有点儿恼火。

但最让钱燕感到生气的是，当她想让菲菲帮忙拿一下她面前的调味料时，叫了三次菲菲都没有任何反应。

钱燕一下子就爆发了，说话就像炮弹一样：“你怎么回事！为什么我都已经煮好了饭菜，还要三请四请地请你来吃饭，为什么叫你这么多声你连个反应都没有？最近一段时间你怎么变成了这样？你这样真的能交到朋友吗？你这样你的朋友受得了吗？”

似乎是被戳到了肺管子，回过神的菲菲也怒了：“对！我的朋友受不了，我没有朋友，你满意了吗？”说完，菲菲把碗一推就跑回了房间。

这可把钱燕气得不轻。

晚饭后，钱燕冷静了一点儿，丈夫过来劝她不要和女儿置气，女儿最近好像发生了什么事情，每天情绪都很消沉。

发生了什么事？女儿为什么不和她说？

抱着这样的疑问，钱燕走进了女儿的房间。钱燕发现女儿在哭，一看到她进房间后，女儿连忙擦了擦脸。一看到女儿这个样子，钱燕一下子就心软了，她回想了一下自己刚刚在饭桌上的行为，自己确实是语言太过激烈了。

钱燕为自己的恶语向菲菲道歉，菲菲愣了一下，也为自己不能及时回应妈妈而感到抱歉。

想起女儿在饭桌上说自己没有朋友的话，钱燕试探性地问了一句。也许是钱燕的主动道歉让菲菲打开了心扉，菲菲把最近自己和朋友产生的误解全部告诉了钱燕，还哭着问钱燕，朋友要和自己绝交怎么办。

钱燕了解了事情的经过后，就开始给菲菲出谋划策，帮助菲菲与朋友重归于好。菲菲听了妈妈的建议后，心中的阴霾终于散开了一半。

趁着菲菲心情好受了些，钱燕问菲菲为什么遇到了心事却不愿意跟爸爸妈妈倾诉。菲菲说，因为之前和妈妈分享自己喜欢的事物时，总是得到妈妈说“忙着呢，没空听你讲这些”的回应，久而久之，她就不再愿意向妈妈倾诉了。

没想到是这样，女儿不愿意向自己倾诉，是缘于平时自己对女儿的忽视。

钱燕再次向菲菲道歉，并承诺菲菲以后自己不会再忽略她的倾诉。菲菲大方地原谅了钱燕，她也向钱燕承诺，以后自己有心事或有困难解决不了时，会选择向钱燕诉说。

智慧启迪

妈妈给孩子的话："不论何时，不论何地，不论你想说什么，也不论别人是否倾听，我和你的爸爸永远都会是你的倾听者。当你长大成人时，你就像是一艘骄傲的帆船，从母港扬帆起航，开始谱写自己的七海传奇。但当你遭遇暗礁与风浪时，也请你记得，家是你永远的港湾，家人永远欢迎你回来。归根结底，我只是一个平凡的母亲，一个平凡的倾听者。但我选择将心中所有的话说出来，是因为我希望你也能倾听到我们的心声，这是我们做父母的能给你们最好的礼物。"

温故知新

刘英觉得女儿进入青春期后变得冷淡了。最近一放学回家她就把自己关在了房间里，除非吃饭、上厕所，否则都不愿意出房间门。有时候，刘英想和女儿聊聊天，但她看起来都是兴致缺缺的样子。

为此，刘英还询问了丈夫，想和丈夫商讨一下该怎么办，但两人都商讨不出

结果，最后丈夫下了一个结论：进入青春期的孩子可能都不喜欢跟父母沟通。

刘英觉得非常苦恼，明明以前女儿什么事情都喜欢和自己分享的。

为了能够让女儿与自己不要越变越冷淡，刘英决心一定要想办法融入女儿的世界，和女儿重新建立沟通的桥梁。

刘英了解到最近女儿似乎在看一部电视剧，还特别喜欢电视剧中的一个演员。虽然她不认为这部电视剧好看，也不喜欢这个演员，但她还是尝试去了解女儿的心情，去看了这部电视剧。

某一天，刘英“无意间”透露出自己正在看女儿喜欢的那部电视剧，一下子就吸引到了女儿的注意力。在得到了刘英评价一句“不错”后，女儿就开始滔滔不绝地给自己讲述这部电视剧的好，她喜欢的演员的好。虽然刘英根本不理解女儿为什么这么兴奋地跟自己分享这些在她看来没什么营养的东西，但她还是认真听了女儿说的每一句话，尝试去理解女儿的心情。

女儿在发现妈妈居然认真地听自己喜欢的电视剧、喜欢的演员后，感觉自己得到了尊重、得到了理解，虽然妈妈只是偶尔插上两句话，但是妈妈认真倾听自己说话的神情让女儿感到无比满足。

渐渐地，刘英发现女儿不仅愿意和她分享电视剧、分享明星演员，还愿意和她说起班里发生的琐事、分享自己的心情。

刘英觉得这样很好，别人都问为什么她的女儿这么黏她，刘英都会笑着回答说因为她愿意倾听女儿说话。

知识拓展

孩子向父母表达自己想法的方法

一是多分享，多交流。孩子要利用业余时间，多向父母讲述一些学习或者生活上的事情。

二是多理解，多包容。父母才是世界上最疼爱我们的人，他们中的大多数也都是第一次做父母，因此，我们要对他们多包容、多理解。

三是学会换位思考，认真倾听父母的教诲。当我们做错事，遭到父母批评时，不要着急反驳。我们要学会换位思考，静下心倾听父母的教诲。

四是知错就改，主动承认错误。每个人都会犯错，当我们犯错时，要主动向父母承认错误，请求他们的原谅。

孩子主动与父母沟通的方法：

一是营造良好的氛围，让孩子敢于表达自己的真实想法。

二是父母陪同孩子共同参与劳动，增进亲子关系。

三是借助现代电子科技产品，加强与孩子的联系。利用视频通话关心孩子，了解孩子的近况。

四是教育孩子管控自己的情绪，建立有效的沟通机制。

共同语言

刘英发愁女儿不愿意向自己倾诉，就和丈夫商量……

帮助孩子学会整理，懂得将物品归放原位

整洁是每个家庭都向往的状态，但是，自从有了小朋友，整洁几乎再也不存在。小朋友们喜欢乱丢乱放，可能上一秒你刚收拾好的书架，下一秒他(她)就会将它恢复原样。不仅如此，他们还会跟在你屁股后面，反复问你，他（她）的这个玩具在哪儿、那个玩具在哪儿？相信不少家长都有这样的烦恼。让孩子学会整理，懂得物归原位，一切问题就会迎刃而解。

思维延伸

物归原位是终身受益的好习惯。孩子就像白纸一样，你在上面涂什么颜色，他（她）就会呈现什么颜色。在家庭教育中，父母充当重要的角色。所以，我们从小就要培养孩子物归原位的好习惯。

我们不仅要给孩子讲述物归原位的道理，还要身体力行地带领他们去执行，用自己的行动潜移默化地去影响孩子。

从小的方面来讲，物归原位是方便我们进行物品收纳，等到再次使用的时候，可以第一时间找到它，大大提高了效率。从大的方面来讲，物归原位有助于我们养成良好的习惯，无论是在工作还是在生活方面，这项技能都可以帮助我们有条不紊地应对变幻莫测的外部环境。

故事在线

张珊和李思是大学同学，毕业后虽然不常见面，但一直都有联系。最近这几天，李思刚好有空，便约张珊来家里做客，顺便带孩子们一起玩儿。

大人们坐在沙发上聊天，孩子们在客厅里跑来跑去，愉快地玩耍。

“姐姐，我不想玩娃娃了，我要搭积木。”说完，冬冬就将手中的洋娃娃丢到一旁，伸手去拿放在墙角的积木袋子。

“好，姐姐给你拿。”欣欣把冬冬丢开的洋娃娃捡起来，放回原来的位置，然后又去拿来两个垫子，坐在地上陪冬冬搭积木。

小孩子总是三分钟热度，冬冬拿到积木后玩了没多久就又腻了，吵着闹着说要开电视，想看动画片。

“好，我帮你找动画片。”欣欣也不生气，帮冬冬播放好动画片后，拿着装积木的袋子回到客厅，将散落地面的积木块捡起来，整齐地装进袋子。

“真是不好意思了欣欣，弟弟年纪小不懂事，阿姨来帮你吧！”李思见欣欣帮自己的儿子收拾烂摊子，心里有些过意不去。

欣欣说道：“没关系的阿姨，我来收拾就好，你和妈妈聊天吧！”

李思见欣欣这样懂事，拉着张珊的手赞不绝口道：“你们家欣欣太懂事了吧？看得我也想生个女儿了。”

张珊见欣欣懂事也很欣慰，笑着说道：“这可和儿子、女儿没关系，她从小我就教育她，用过的东西放回原处，玩具绝对不能乱丢。”

李思看向儿子，叹气道：“他年纪那么小，能懂吗？”

张珊说道：“正是因为年纪小，所以才要让他培养好习惯，现在你不给他立好规矩，以后习惯养成了，你想再让他改都难。”

李思觉得张珊说的话非常有道理，下定决心道：“等回家我就给他立规矩，也让他养成好习惯。”

张珊纠正李思道：“你这个‘等’的想法就是错的，等回家、

等以后、等下一次，你想等到什么时候？”

李思一拍额头，恍然大悟道：“你说得有道理，我现在就应该教育他。”

说着，李思走到冬冬面前，拉着他的手问道：“欣欣姐姐在给冬冬收拾玩具，我们一起去帮她好不好？”

李思本以为冬冬会拒绝，没想到他丝毫没有犹豫，径直跑向欣欣，帮她一起收拾积木。

两个人一起收拾动作麻利，很快就将客厅收拾干净了。

李思感叹道：“没想到他居然可以做得这样好，看来以前真的是我想太多了，总觉得他还小，听不懂。”

张珊解释道：“习惯是慢慢培养的，一次听不懂就说两次，说得多了自然就懂了，只要你把规矩立下来，就不怕孩子养不成好习惯。”

李思笑道：“这次来你家做客，还真是收获颇丰。”

智慧启迪

环境会影响一个人的心情。优美的环境不仅可以让你心态平和，还有助于提升幸福感。

整理是一项充满智慧的活动，有助于营造优美的环境。在有形和无形的世界中，有许多事物需要我们去整理。我们可以根据自己的习惯将有形物品进行归类，帮助思维建立整理意识，从有形过渡到无形，让我们的认识再上新台阶。

温故知新

“妈妈，我的钢笔呢？”

当女儿小米问到曲兰时，曲兰也懵了一下。

“钢笔？什么钢笔？”

“就是那支外壳湛蓝湛蓝的，我生日的时候爸爸送给我的钢笔。”

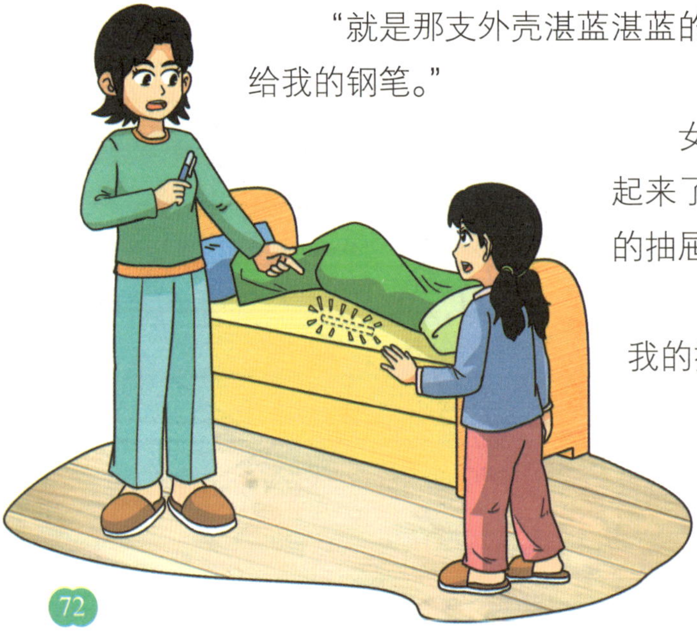

女儿这么一说，曲兰就想起来了：“钢笔不是在你书桌的抽屉里吗？”

“我刚刚找过了，不在我的抽屉里。”小米看起来很着急，就连找东西的手法都开始暴躁起来了。

曲兰也帮助女儿找

了起来，最后是在女儿房间的床上找到的，应该是她在写东西后顺手放到了床上。

“谢谢妈妈！多亏了妈妈，我才能找到我的钢笔……怎么我的东西好像老是容易找不到？”

听到女儿后半句抱怨的话，曲兰忽然想起来上次女儿的校牌就找不到了，差点儿没把她急哭了，后来把书包里的书全都抖落出来后，才发现校牌原来被女儿卡在了作业本里。还有上上次也是，女儿喜欢的玩具拿到阳台玩儿后没放回原处，导致她差点儿把整个家都掀了。

曲兰想想小米丢三落四的种种行为，忍不住揉了揉太阳穴：可不能再让女儿把这个坏习惯持续下去！

“你有没有想过自己总是找不到东西的原因呢？”曲兰认真地问女儿。

“呃……大概，”小米想了想，“大概是我用完某个东西就随手乱放的习惯吧！”

“所以你应该学会物归原处了。”曲兰给女儿做了总结，“因为你总是学不会把东西放回原处，你应该改变一下你的习惯了，记住自己的东西一般放在哪里，并把自己用完的东西都放回原位。”

小米接受了曲兰的意见，每次用完东西都会提醒自己将东西放回原位，为了记住自己放置的地方，她甚至还做了一个记录本。自从小米有意识地提醒自己或被妈妈提醒物归原处后，她再也没有丢东西了。

知识拓展

帮助孩子养成物归原处好习惯的方法

一是给孩子讲述物归原处的优点。通过绘本故事或者生动的视频，让孩子理解物归原处的含义。在理解的基础上，给孩子讲述物归原处给自己以及他人带来的便利。

二是让孩子尝试对自己的物品进行整理。兴趣是最好的老师，家长要让孩子自己动手，将自己的物品整理得井然有序，亲身体验整理带来的快乐感和成就感。

三是培养孩子的空间规划能力。整理开始之前，要对物品有个简单的归类和规划，比如毛绒玩具和积木玩具需要放在哪里，两者要如何区分。

四是为孩子营造干净整洁的家庭环境。家庭环境会对孩子造成长远的影响。生活在整洁环境中的孩子，长大之后，他也会将自己生活的环境整理得干净整洁。

好习惯的养成从来都不是一蹴而就的事情，需要我们长期坚持。物归原处的好习惯让孩子终身受益，也有助于培养他的社会责任感。

黑 锅

这天，小米又在到处找自己的钢笔……

篇末问卷

1. 什么是溺爱？你是如何看待溺爱的？你身边有父母溺爱孩子的例子吗？说出来听听。

2. 日常生活中，你是否真正做到了勤俭节约呢？你又是否真的做到了节约粮食呢？

3. 当你在生活中遇到难题时，你是否愿意向父母倾诉呢？说说你是如何倾诉的吧！

4. 你是如何看待整理这件事的？你又是否在生活中做到了“物归原处”？结合自己的实际生活谈一谈。

第三篇 家庭生活中的规矩

合理的校园规矩能够维护良好的学习和生活秩序，保障孩子的权益和安全。有了规矩，孩子的日常言行才能得到有效约束，保证孩子在健康的环境下学习生活。同时，校园规矩还能培养孩子的纪律意识和社会责任感，帮助孩子建立良好的人际关系，增强团队合作能力，提高自身素质，形成正确的价值观。因此，妈妈在孩子上学前，要教育孩子遵守校园规矩，建立和谐的校园环境，从而促进孩子的日常学习和交流。

让孩子做个有礼貌的人，尊师敬长

在学校，老师每天都陪伴着孩子们，因此妈妈要端正孩子对老师的态度，尽早告诉孩子，老师不仅是知识的传播者，更是他们的引路人。老师们兢兢业业，不仅认真完成教学工作，还用自己的言行影响着孩子的品德和价值观。他们默默奉献，倾注心血，为孩子的成长和未来贡献着自己的智慧和力量。作为家长，要教导孩子懂礼貌，进而培养孩子养成尊重老师的习惯。

思维延伸

妈妈若想让自己的孩子具备尊师敬长的道德品质，必须重视文明礼仪教育，并从小培养。妈妈要告诉孩子，尊师敬长是我国的优良传统。首先，尊师指孩子应该树立尊敬老师的观念，尊重老师的劳动，接受教导，刻苦学习，以优异的成绩回报老师的辛勤付出。其次，敬长指的是对父母或长辈表示尊重和敬爱。孩子应该努力承担家庭义务，善待父母，减轻父母的负担。最后，妈妈还要鼓励孩子多与长辈沟通、交流思想，增进感情，这样能够更好地理解彼此之间的差异，促进和谐的家庭关系。

故事在线

“麻烦圣圣妈妈来办公室一趟。”

杜悦收到老师发来的这条消息后，心里先是“咯噔”了一下，随后意识到肯定是儿子又闯祸了。

找到老师的办公室后，杜悦敲门进入，老师先是和杜悦寒暄了一番，随后向她指出了圣圣的问题。

“我们做老师的每天要面对班级里几十个孩子，教书育人是我们的工作，也是我们的职责，但家长不能将孩子丢到学校就不管了。”老师语重心长地对杜悦说道。

“对对对，老师说得没错，我们家长平时在家肯定也会教育。”杜悦对老师说道。

“我今天收作业的时候，圣圣理直气壮地说没做，我问他为什么，他居然对我说‘没做就是没做，哪儿那么多话，就你事儿多’。”

杜悦惊讶地看向站在一旁的圣圣，没想到他居然会对老师说出这种话。她赶紧拉着儿子向老师赔礼道歉。

从老师办公室走出来的时候，杜悦的脸都是黑的。

杜悦生气地说道：“圣圣，你为什么和老师那样说话？难道爸爸妈妈平时就是这样教你的吗？”

圣圣犹豫半晌，小声道：“妈妈不是。”

杜悦惊讶：“什么叫妈妈不是？难道爸……”话说到一半，

杜悦突然顿住了。

昨天她们公司加班，是爸爸看圣圣写作业的，等她下班回家的时候，圣圣已经睡觉了，难不成是昨天发生了什么她不知道的事儿?

果不其然，圣圣对她说道:“昨天我让爸爸帮我背课文，他不愿意，我说是老师让背的，然后爸爸说‘就你们老师事儿多’。”

“所以你今天就模仿爸爸的样子，去说老师了?”杜悦问道。

圣圣小声“嗯”了一句。

杜悦又问:“那你觉得爸爸这样做对吗?”

圣圣摇了摇头。

杜悦说道:“既然知道这样做不对，为什么还要做出不尊

重老师的事情？”

圣圣低着头不说话。

杜悦严厉地批评道：“老师在学校里教书育人那么辛苦，上次你在操场上跌倒，就是王老师将你背到医务室，小心翼翼地照顾你。还有一次妈妈在接你放学的路上堵车了，也是王老师一直陪着你，那天还下雨，老师为了给你撑伞，自己衣服都湿了，难道你都忘了？”

“对不起妈妈，我以后不会了。”圣圣认识到错误，诚恳地

向妈妈道歉。

杜悦说道：“你对不起的人不是妈妈，而是老师。”

“我明天就去向老师道歉。”圣圣说道。

回到家里，杜悦将当天发生的事情告诉丈夫，他也没想到，自己随口的一句话会带来这样大的影响，赶紧当着杜悦和圣圣的面检讨自己，还说要做圣圣的榜样，明天和他一起去学校，陪他一起向老师道歉，并且保证以后绝对不会做出不尊重老师的行为。

智慧启迪

妈妈在孩子的教育中承担着重要责任。一个孩子将来的发展和对长辈的态度，很大程度上受到妈妈在这方面的教育影响。

首先，妈妈要让孩子知道，尊师敬长最直观的体现就是在学校完成各项学习任务，并虚心接受老师指点。其次，孩子还应该协助老师开展工作，热心帮助后进同学。最后，孩子要对老师有礼貌，注意说话的态度和语气，遵守课堂纪律。

温故知新

贾琳正在和儿子的班主任打电话。

这次打电话主要有两个方面的内容：一个是班主任对小亮成绩进步的赞扬；另一个是对小亮不尊敬师长的问题，班主任希望家长能够插手管理。

通过这次电话贾琳才知道，原来儿子在学校这么没礼貌。贾琳的儿子在学校遇到老师无视这一点也就算了，他还在老师讲课的时候影响课堂纪律。不仅如此，小亮还会和同学们嬉戏开玩笑的时候直呼老师的名字。

挂了电话后，贾琳按了按自己的太阳穴，然后抬腿走向了儿子的房间。儿子正在房间里打游戏，作业乱糟糟地摊在桌子上。

“作业写完了？”贾琳问。

“早就写完了。”小亮目不转睛地盯着屏幕。

“你老师刚刚给我打电话了。”听到这句话，小亮有点儿心虚地放下了手机，“说吧，为什么在学校目无尊长？”贾琳找来了一张椅子，坐在小亮面前。

“我哪儿有目无尊长……”小亮说这句话很没底气。

“你影响课堂纪律，还直呼老师的姓名，这还不算是目无尊长吗？”

见小亮沉默不语，贾琳打了一个比方：“就比如说你的表弟来家里做客，你和他说不许碰你辛苦搭建的乐高，但他不听，还是把你的乐高打散了，你会是怎样的感觉？”

“我会很生气！”小亮想到那个画面就火大。

"这就跟老师是一样的，老师们辛辛苦苦备课教授你们学习，却被你影响了课堂，老师也会生气，老师也觉得自己没受到尊重……"贾琳循循善诱，"你不是说你最讨厌得到帮助后不会说一声'谢谢'的人吗？老师帮助了你学习，你现在却要变成你最讨厌的那种人吗？"

在贾琳的教育下，小亮知道了自己的过错，决定以后一定要改变自己不尊重师长的行为。

知识拓展

妈妈应怎样教育孩子尊敬老师？

想让孩子尊敬老师，以下是一些方法和建议，帮助妈妈们教育孩子尊敬老师：

第一，要拉近老师和孩子之间的关系。妈妈可以向孩子宣传老师的职责和贡献，让他们明白老师是为了他们的成长和未来付出努力的人，进而消除孩子对老师的恐惧，让孩子感受到尊敬老师的重要性。

第二，家、校合作，共同教育。妈妈应与老师保持良好的沟通，积极参与学校的家长会和活动，了解孩子在学校的表现和老师的期望。在家庭中，妈妈要对孩子进行正确的引导和教育，帮助他们树立正确的尊师敬长观念。

第三，让孩子理解老师。当孩子在背后议论老师时，妈妈可以向孩子解释，每个人都有不足之处，包括老师。但是我们应该尊重老师的努力和付出，理解他们的工作压力和困难。妈妈可以通过正面的言谈和行为示范，帮助孩子建立包容和理解的态度。

拉近距离

贾琳发现小亮直呼老师的名字……

提醒孩子友爱同学，不要搞小团体

班级是由许多人组成的群体，这个群体中又会产生多个小团体，如果这些小团体的核心思想是正向的，就能有效推动班级群体进步。然而，如果小团体的核心思想较为消极，就会导致同学之间发生矛盾和冲突，破坏班级的凝聚力和友好氛围。因此，妈妈应引导孩子意识到团队合作的重要性，并倡导尊重和包容的价值观。

思维延伸

孩子来到学校，一定会有几个关系特别融洽的朋友。此时，妈妈就要及时告诉孩子，在与朋友相处的过程中，不能只顾和亲近的朋友相处而疏远其他同学，否则就会形成脱离班集体的小团体。妈妈还要跟孩子强调，当亲近的好友与别人的利益发生矛盾时，要理性对待，不能以小团体的利益为主，伤害他人和自己。妈妈要让孩子知道，既然来到学校，就不能将自己封闭起来，应该主动与其他孩子建立良好的关系，进而感受到集体的温暖。

总之，妈妈要让孩子注重班级集体的整体利益，避免在班级内形成小团体，要与所有同学建立良好的人际关系，进而让孩子学会尊重和帮助他人。

何妍接女儿放学，在校门口等了大概十多分钟，才见到朵朵背着书包欢快地朝她跑过来。

“妈妈！”朵朵扑过来，一把抱住何妍。

何妍接过女儿的书包，轻声询问：“今天在学校怎么样？有发生什么有趣的事情吗？”

何妍的问题，彻底让朵朵打开了话匣子，母女两个一边走一边聊，别提有多开心了。

“朵朵，你今天也走这条路吗？”

一个和朵朵看起来差不多年纪的小女孩儿，背着书包走到朵朵身边，和她说话。

朵朵看了那个女生一眼，连招呼都没打，径直走到何妍的另一侧，躲开了女孩儿。

何妍疑惑地看了眼朵朵，代替她向女生打招呼。

女生大方地说道：“没关系的阿姨，我和你们方向不一样，阿姨再见。”

走到路口，女生笑着挥手和何妍道别。

目送小女孩儿离开，何妍询问朵朵道：“朵朵，你刚才怎么不和同学打招呼？这样也太没礼貌了。”

朵朵冷哼一声，对何妍说道：“我平时不和她玩儿，她和芸芸还有丽丽是一伙儿的，我和美美、小玉是一伙儿的。”

“一伙儿？”何妍惊讶道，“你们不都是同班同学吗？怎么还分出小团体了？”

“当然了！”朵朵丝毫没有意识到问题，自豪道，“班级里，我和美美还有小玉的关系最好，平时不管是课间操还是做值日都在一起，谁也别想加入我们。”

听了朵朵的解释，何妍瞬间明白了女儿刚才不搭理那个女生的原因。像朵朵这个年纪，搞小团体是很常见的事情，问题是何妍应该如何正确引导朵朵，让她妥善处理人际关系。

经过一番深思熟虑后，何妍语重心长地对朵朵说道：“你们都是一个班级里的同学，难道不应该是一个整体吗？”

朵朵疑惑道：“我又不跟她们玩儿，为什么是整体呢？”

何妍又说道：“前几天你们班获得了荣誉班级的称号，如果不是整体，为什么要把奖励颁发给班级，而不是颁发给你和美美还有小玉三个人呢？”

朵朵听了何妍的话，纠结道：“可是我平时只和小玉还有美美合得来，不管是喜欢的食物还是电视剧，都是一样的。”

何妍道：“你当然可以和小玉还有美美关系最好呀，但是这个关系好，不代表你就要排挤其他的同学。荣誉班级的称号不仅是你们三个人的，更是刚才那个女生还有班里其他同学一起获得的，你们是一个集体。”

朵朵似懂非懂地点了点头，对何妍说道：“妈妈，我明白了。”

何妍笑着问道：“你真的明白了吗？”

“明白了。”朵朵坚定地点了点头，“明天我就去找甜甜，向她道歉。”

何妍看着朵朵豁然开朗的模样，欣慰地摸了摸她的头。

智慧启迪

妈妈应该教会孩子如何和他人相处。

首先，妈妈要端正孩子的态度，告诉他们不要盲目攀比而忽视自己的内在成长和发展。每个人都有自己的优点和特长，应该相互尊重和欣赏。

其次，告诉孩子在学校不要随意传播谣言，也不要对他人进行无根据的指责和批评。我们要以积极的态度和善意的言辞与他人交流。

最后，培养孩子文明用语，让孩子意识到得当的言行举止才能够建立起良好的人际关系。

温故知新

最近，明明一直央求妈妈程兰给自己多一点儿零花钱。

程兰不想给，因为这个月的零花钱刚刚给了明明，没想到明明没几天又开始问自己要钱。

眼见这个月没有希望再多拿零花钱了，明明又恳求程兰能不

能先给自己下个月的零花钱。

程兰感到很奇怪，为什么明明这么需要零花钱，甚至不惜想拿出下个月的钱呢？

程兰询问明明要钱做什么，明明支支吾吾的，最后一咬牙，还是说出了实情：“我想拿钱收买我们班的同学给我投票，我想当班长。”

原来，最近明明班里准备选班干部，明明和另一个同学的票数差不多，这让明明很不高兴。于是明明和他的兄弟们开始抱团冷落另一个同学，甚至为了下一次投票，明明想出了要用零花钱收买同学为自己投票的想法。

知道了原委后，程兰更加不想给明明零花钱了。她劝明明不要抱团搞小团体主义，更不要用收买的方式给自己拉票。但是明明听不进去，他认为妈妈这是在阻挠他当班长。

程兰发现明明听不进自己的劝说，只好换了另一个方法——说一个善意的谎言。

程兰告诉明明，自己小时候和别人竞选班长时就遇到过小团体主义，有一个同学为了当班长不仅拉拢班里的同学排挤她，还用钱买走了本来属于自己的投票，那个时候她天天都在哭，还好后来老师发现了那个同学徇私舞弊，那个同学被处分了，而自己则因为这次阴影再也不敢竞选班干部了。

听了妈妈的“故事”，明明感觉自己仿佛就是“故事”中欺负妈妈的那个同学，明明突然觉得自己很坏。

最后，明明告诉程兰，他不要零花钱了，也不想搞小团体，他要和竞选的同学公平竞争。

程兰欣慰地笑着说：“儿子，这样的你让我感到骄傲！”

知识拓展

如何让孩子和其他同学保持良好关系呢？

首先，妈妈要告诉孩子，在学校里要积极与同学们进行交流，了解彼此的兴趣爱好、经历和想法，增进彼此之间的感情。妈妈要注意提醒孩子，在交流过程中要表现出对他人的尊重和礼貌，谈话内容不要涉及他人隐私，避免敏感话题。

其次，妈妈要让孩子学会表达对同学们的关心，例如询问他们的近况、帮助解决问题或者给予鼓励和支持，让同学们感受到孩子的友善和温暖。

最后，如果孩子和同学产生矛盾，妈妈要告诉孩子，保持理性和冷静，以平和的态度进行沟通和交流，尊重对方的观点，并寻求解决问题的方式。

除上述内容外，妈妈还要和孩子强调，如果平时需要向同学借钱，要及时归还，保持诚信；不卑不亢，要保持谦虚的态度，平等地对待每一个同学。最重要的是，不要形成小团体，更不要排斥或歧视其他同学，要以集体利益为重，与所有同学建立良好的关系。

零花钱

明明恳求妈妈多给自己一些零花钱……

让孩子学会团结，发挥团队的力量

妈妈们都希望孩子能处于团结的班集体中，因为拥有强大凝聚力的班级能够为孩子提供更好的发展环境。在团结的班级中，孩子们能够学会尊重和包容他人，培养友善和合作的态度，同学们会相互支持和鼓励，共同面对学习和生活中的挑战，创造积极向上的学习氛围。同时，孩子们会有更多的机会进行协作，进而培养团队精神和协作能力，实现孩子的全面发展。

思维延伸

妈妈们若想提升孩子的团队意识，可以帮助孩子所在的集体制订一个合理的目标，如学习目标、公益目标等。为了实现目标，孩子们会主动互相帮助、友善相处，不仅能营造出和谐的班级氛围，还能培养同学们的社会责任感和公民意识。

妈妈还要告诉孩子，在班级里一定要遵守班规。班规可以规范班级成员的日常道德和行为习惯，维护班级秩序和团结。这不仅能培养孩子的责任意识，还能有效提升孩子的团队意识。

此外，妈妈应该鼓励孩子积极参加班级内组织的各类活动，这也是提升孩子团结意识的重要手段之一。妈妈可以配合老师组织班级聚会、户外拓展、文艺演出等活动，增强同学们的互动和交流，提升班级凝聚力。

故事在线

乐乐和几个同学一起报名参加了学校的助农活动，因为学校有要求，报名参加助农活动的同学里要有家长参与，所以乐乐的妈妈林苑也跟着参与了这次活动。

乐乐和同学们本以为自己能够大展身手，帮助农民伯伯大卖一场的，但是没想到他们的生意十分惨淡，几个小时过去了，也没卖出去什么东西。乐乐和同学们都很失落，还有的同学感到非常自责，觉得自己非但没有帮助农民伯伯，反而让农民伯伯白白浪费时间运来了农产品。

看到乐乐和几个同学们备受打击，一个个都坐着发呆的样子，林苑鼓励他们："同学们，怎么了？我们鼓鼓劲儿，继续给农民伯伯卖农产品呀！"

乐乐托着下巴叹气道："妈妈，你也看到了，我们根本没卖出去什么东西。"

"我刚刚看到了，你们卖出去了好几单生意呢！"林苑夸奖他们。

"没用的，妈妈，这里有这么多助农产品，我们只卖出了这么一点点。"乐乐比了个手势，"这有什么用呢？"

林苑感觉到乐乐说完这句话后，大家明显更泄气了。于是，林苑没有再说话，而是观察要售卖的农产品以及复盘刚刚几个孩子叫卖的情景。

虽然乐乐和他的同学们非常积极地参加了活动，但是他们刚才各自忙碌，一项工作被几个人重叠去做，又或者有的工作没有人意识到要去做……

“同学们，”林苑把大家的注意力拉了过来，“你们为什么不尝试着合作呢？”

看到大家有点儿懵懂的眼神，林苑笑着解释道：“你们刚刚工作时几乎所有人都在叫卖水果，怎么没有人去卖蜂蜜呢？”

“刚刚居然没有人卖蜂蜜吗？”有同学很惊讶。

“你们在工作的时候要学会合作，要互相沟通，就比如说卖水果的人可以挑出一部分卖相不错的水果拿去给卖蜂蜜的同学制作

成水果茶，然后再派一部分同学走出来做水果茶的试喝，这样团结起来相互合作不是更容易做成生意吗？”

“对呀！我们还有榨汁机，我们还可以给水果榨汁后售卖出去呀！”有一个同学提出了建议。

其他同学也纷纷提出自己的意见，大家商量着怎么把农产品以多种不同的方式售卖出去，商量互相的分工与合作。大家打起了精神，一起通过合作吸引了很多客人来购买农产品，到最后，有一些农产品居然都卖光了！

“哇，我们今天卖了很多东西呢！”乐乐在林苑面前蹦蹦跳跳起来，“妈妈，你真厉害！”

林苑笑着摇摇头，说：“不是我厉害，是你们厉害，你们学会团结起来，利用了团队的力量才将农产品卖了出去。”

智慧启迪

妈妈们要知道，一个孩子如果拥有团队意识，他就具备了协作能力和服务精神。若一个团队中人人都拥有这些精神，那整个团队的向心力和凝聚力是不可估量的，这个团队必定能够在日后的学习或工作中产生巨大的力量，为孩子以后的发展提供巨大的动力。因此，妈妈要告诉孩子，拥有团队意识，各个成员才能将自己的长处融合在集体之中，实现集体利益之后，个人利益也会得到满足。

温故知新

王月萍在网上看到了一个网红野餐点，那个地方景色优美、空气清新，而且免费。王月萍心想：在家里，一家三口也都是玩手机居多，不如出门去野餐一次，既放松了心情，还保护了眼睛。

就是这个念头，让周六本来都会赖床的一家人早早地就开车出发。因为对野餐这种形式的活动感到很新奇，所以王月萍的儿子小陈一直很兴奋，一路上叽叽喳喳的。

到达目的地后，王月萍和丈夫老陈把

车上的帐篷搬了下来。为了能在外头待一天，他们还特地带了帐篷出来。

爸爸妈妈正在搭帐篷的时候，小陈在搬车上的杂物；爸爸妈妈在借用当地的烧烤炉准备烧烤的时候，小陈在调制酱汁。一家人一起忙活，互相搭配，用了不到两个小时的时间，一家三口就坐在帐篷前大快朵颐了。

小陈一边吃一边赞叹："没想到我们动作这么快，一下子就做完了所有的工作，我都做好了要饿肚子的准备了！"

王月萍笑着说："这就是团结的力量，我们每个人都有分工，当我们互相搭配一起动起来时，整体的效率一下子就提升上去了。"

"话说……"王月萍想起来了什么，"下个星期你们学校是不是有一场实验比赛？"

小陈应了一声"是"，随后又马上低头吃烤肉。

"那你得好好跟同学们团结协作起来，一起完成实验比赛。"王月萍说。

小陈咽下烤肉后"嘿嘿"一笑，说："我当然知道了，妈妈。今天我们三个人一起干活的时候我就在想，我们的实验比

赛是不是也可以这样去分工，每个人都完成自己分工的那部分，高效地完成比赛，说不定到时候我们小组的速度还能破了学校纪录呢！”

听到儿子这么机灵的话后，王月萍又给他奖励了一串烤肉。

知识拓展

孩子是祖国的未来，妈妈们如何培养他们的团队精神呢？

1. 从孩子自身入手

①帮孩子树立团结意识：孩子应该从思想上认识到团结的重要性，明白只有团结才能共同进步。

②鼓励孩子主动帮助同学：鼓励孩子主动向同学提供帮助，分享自己的知识和经验。

③教会孩子互相理解：孩子应该尊重和理解每个人的差异，建立良好的沟通和合作关系。

2. 家庭教育也很重要

①激发团结友爱精神：妈妈应该激发孩子的团结友爱精神，让他们明白团结互助是实现共同进步的必要步骤。

②培养合作意识：妈妈可以引导孩子参与集体活动，培养他们的合作意识和团队精神。

③以身作则：妈妈应该以身作则，展示团结互助的行为模范，让孩子从身边的榜样中学习。

④家校合作：家、校配合，创造更多必须依靠团结互助才能完成的学习任务，让孩子和妈妈互相合作，共同完成目标。

团 结

乐乐在爸爸身旁，一副欲言又止的模样……

如果孩子遇到欺凌，告诉他不要怕

孩子之间的玩耍避免不了语言交流和肢体碰撞，如果有的孩子把握不好尺度，普通的玩耍就升级成了欺凌，此时，受到伤害的孩子往往会产生不同程度的心理问题。

因此，妈妈要及时告诉孩子，如果在玩耍过程中意识到自己被欺凌了，应该坚定自己的立场，勇敢地表达自己的想法，并寻求帮助和支持。同时，也要学会控制情绪，不要轻易被欺负者的言语和行为所伤害。

思维延伸

“校园欺凌”是指孩子通过肢体、语言和网络等手段蓄意或恶意实施欺负、侮辱造成伤害的行为。为了保护孩子，妈妈应该教导孩子如何正确面对校园欺凌。首先，明确自己的权益和尊严，表达自己的观点和感受，坚决反对任何对自己的欺凌行为。其次，寻求帮助，例如将事件报告给老师或学校，重要的是让孩子明白，他们不是孤立无援的，有人会站在他们一边支持他们。

孩子遭受同伴欺凌往往与他们的性格、成长环境和家庭教育有很大关系。妈妈应该关注孩子的情绪和行为变化，与他们建立良好的沟通和信任关系，培养孩子的自信心和社交能力，使他们能够更好地应对欺凌行为。

故事在线

一天，文秀和儿子原原坐在沙发上看电视时，原原突然问文秀："妈妈，你以前上学的时候有人给你起外号吗？"

"有。"文秀回答，"以前我长得比较白嫩，我的同学们给我起外号叫作'水蜜桃'。"

"'水蜜桃'？这个外号好听。"原原有点儿羡慕，"为什么我的外号没妈妈的外号这么好听呢？"

"同学们给你起了什么外号？"文秀很好奇。

"同学们给我起的外号叫作'肥猪'。"

广告结束，电视节目开始了，但是文秀却看不下去了。

"为什么这么叫你？他们这样做不是在欺负你吗？"文秀最近看新闻里报道过几起校园霸凌事件，她很担心原原也受到了欺负。

原原急得连忙摆手说："不是不是，这只是同学们开的一个玩笑而已，正好我是班里面最胖的，所以同学们才会叫我'肥猪'，他们也没有别的意思，而且猪不是也挺可爱的嘛……"

“玩笑也得是当事人觉得好笑才能开，”文秀认真地问原原，“同学们跟你开的这个玩笑你觉得好笑吗？”

原原沉默了。

文秀又问了一个问题：“有同学打了你吗？”

“没有没有，”原原比刚才还着急，“没有同学打过我，他们只是平时开、开这样的玩笑而已……”原原的后半句越说越小声。

唉，她的儿子呀，确实是善良的，也确实是傻的！

文秀教育儿子：“原原，如果你的同学们确实做出了让你感到不舒服的事情，你是可以开口拒绝的，不要害怕欺负你的同学，稍等，你先等我说完……”文秀阻止了原原为同学们的辩解，“在我看来，你的同学们不顾及你的感受，给你起含有贬义的外号就是在欺负你，既然你不喜欢同学们这样的行为，为什么不开口说出来呢？”

“如果你觉得和他们沟通无法解决问题，你是可以告诉爸爸妈妈，或者告诉老师的。这不是在告状，而是在向爸爸妈妈和老师寻求帮助解决问题，你明白吗？”

原原点了点头，说：“妈妈，我知道了，同学们给我起让我不舒服的外号，我应该去拒绝他们这样的行为，等我去学校见到了我的同学们后，我会和他们说的。”

儿子这么可爱乖巧，让文秀忍不住捏了捏他的小胖脸。

“如果在你明确拒绝这种行为后，同学们还这样称呼你，那你就回来告诉妈妈，好吗？”

“嗯！”

第二天，原原放学回来后高兴地告诉文秀，自己已经和同学们沟通清楚了，大家以后再也不会叫他“肥猪”了。

文秀也很开心，因为原原学会了拒绝别人对自己不好的行为，勇敢地保护了自己。

智慧启迪

孩子身处校园，妈妈不能时时刻刻跟在他们身边，因此妈妈要反复和孩子们强调，校园欺凌发生在自己身上时，要学会拒绝，并坚持自己的想法。不要因为恐惧或压力而唯唯诺诺，失去自己的尊严和权益。妈妈还可以教会孩子辨别何时需要寻求帮助，找到可以信任的人，如老师、妈妈或者其他可靠的成年人，让他们了解自己所遭受的欺凌，并争取他们的支持和帮助。

温故知新

“妈妈，我可不可以不去学校？”

涛涛一脸严肃，万霞还以为他要说什么呢，原来只是不想上学。

“这可不行，怎么能不去上学呢？”万霞回答涛涛。

涛涛犹豫了一会儿，又问道：“那我可以带棍子去学校吗？”

“为什么要带棍子去学校？”

“因为我怕被人打。”涛涛低着头回答。

“被人打？”万霞被儿子这句话震住了，“什么被人打？涛涛你是被人打了吗？”说着，万霞赶紧检查涛涛身上有没有伤痕。

涛涛摇摇头，说：“我现在还没有被打，但是今天就不一定了，因为他们昨天说要我偷你和爸爸的钱出来给他们，如果我不偷，他们就要打我。”

万霞被涛涛口中的“他们”给气到了，连忙询问涛涛具体的事情经过。涛涛告诉万霞，自己被人胁迫已经有一个星期了，本来以为自己只要给了钱，“他们”就不会再来找自己，没想到自己给了钱后反倒让“他们”更加频繁地来骚扰自己了。

听完涛涛的经历后，万霞惊出了一身冷汗，如果今天不是涛涛主动问起能不能不去学校，她可能都不知道这一个星期以来涛涛一直在遭受欺凌，甚至他很有可能今天被人殴打了！

万霞马上打电话给自己请了一天假，然后带着涛涛去了学校，她要跟学校说清楚关于校园欺凌的事。万霞向来雷厉风行，简单跟班主任交代清楚涛涛被欺凌的过程后，就带着涛涛去指控欺凌他的同学，并要求学校迅速解决问题。

学校当然不允许校园里存在欺凌的风气，在调出监控充分

证明涛涛被欺凌后，学校对欺凌者做出了处分并回家检讨一周的处罚。

在回家的路上，万霞教育涛涛：“以后遇到欺凌了不要怕，要及时告诉妈妈，知道吗？”

“嗯！”现在涛涛特别崇拜妈妈，他觉得妈妈就是一个英雄！

知识拓展

1. 有哪些应对校园暴力的办法？

在孩子上学前，妈妈就应该告诉孩子，如果自己被欺负，首先要保持冷静，避免暴力反击，用言语或行动表达自己的立场。其次要及时向身边可信赖的人求助，争取得到他们的支持和帮助。最重要的是，不要责备自己，记住欺凌行为是别人的错误，而不是自己的过错。

2. 妈妈如何帮孩子避免校园暴力？

首先，妈妈在孩子的吃穿用度上尽量低调，减少可能引起其他同学嫉妒或欺凌的机会。其次，教育孩子避免与他人产生冲突和摩擦，以和平与友善的方式解决问题。最后，教育孩子在行动时要与朋友一起，减少成为欺凌对象的可能性。

3. 孩子面对语言欺凌怎么办？

首先，妈妈要培养孩子的自信心，让孩子在遇到语言欺凌时也要勇敢发声，让对方意识到他们的语言对他人造成了伤害。其次，妈妈要和孩子多沟通，让孩子能够及时寻求妈妈的帮助和支持。最后，对于非恶意的语言欺凌，让孩子用幽默的方式回应，化解尴尬和紧张气氛。

想象与现实

现在涛涛特别崇拜万霞……

篇末问卷

1. 在你看来，我们应该如何在实际生活中做到尊师敬长呢?

2. 你和同学的关系相处得如何? 你是如何看待校园生活里的小团体的，我们又该如何应对和解决它呢?

3. 什么是团结? 你觉得怎样做才能更好地发挥团队的力量呢?

4. 你是否有过被校园欺凌的经历? 你是如何保护自己的? 现实生活中，我们又该如何应对他人的欺凌呢?

第四篇

公共场所里的规矩

稳定的社会秩序离不开个人的行为规范，遵守公共礼仪则是行为规范的重要组成部分。公共场所是社会的缩影，也是展现一个国家文明礼仪的舞台。个人在公共场所的举止往往是其礼仪修养的真实写照，而国民在公共场所的举止往往是一个国家文明程度的真实反映。从这个角度讲，无论是个人礼仪修养的加强，还是国家文明水平的提高，都应从公共场所的礼仪开始。因此，妈妈要尽早教导孩子学习公共场所礼仪，这不仅可以展示孩子的文明素养，同时也能为社会创造和谐、有序的环境。

让孩子降低音量，不要干扰他人

妈妈要让孩子知道，谨言慎行是维护公共秩序和尊重他人的基本原则。作为社会的一分子，应该尊重他人的权益和感受，让每个人都能在公共场所舒适地相处。具体表现形式为：保持安静，避免大声喧哗，以免打扰到他人；使用手机时要注意控制音量，避免大声通话或播放音乐；在图书馆、剧院等场所更应保持安静，避免妨碍他人学习或观赏。

思维延伸

如果孩子经常在公共场合大声喧哗，其原因是多方面的。首先，不同地区的文化背景和历史传统可能会对人们的行为习惯产生影响。例如，在一些北方地区，人们可能更加豪爽、直接，表达情感时可能声音偏大；而在南方地区，人们可能更内敛克制。其次，随着城市化的加速，人口密集的城市中，公共场所更加拥挤嘈杂，导致人们的行为和言语也更容易变得喧闹。最后，有些孩子可能会故意在公共场合大声喧哗，这是出于寻求注意、显示自我或挑战规则的原因。尤其孩子处在青少年时期，个体正在探索自我身份和独立性，表达自我的方式可能会显得与众不同。

故事在线

“妈妈，为什么公共场合不能大声说话？”奇奇问周涵。

周涵知道儿子奇奇很喜欢讲话，根本停不住的那种，尤其一激动起来嗓门也会跟着变大，自己已经不知道提醒过他多少次了，但他就是改不了。有时候周涵都不知道奇奇是不是故意的，越提醒他，他就越是大声说话。

这次奇奇突然提出的问题让周涵松了一口气，这个孩子只是傻，不是真的没素质。

面对奇奇的问题，周涵没有马上回答，而是让孩子早点儿睡觉，第二天她要带他出去玩儿。听到妈妈说明天要去玩儿，奇奇也不在乎问题的答案了，欢欣雀跃地去睡觉了。

第二天一早，周涵就带着奇奇去了一家酒店吃早餐。这家酒店也许是性价比高，也许是便宜，吸引了很多客人来到酒店里消费。

奇奇一开始来到酒店里时感到新奇，到处东张西望，如果不是手被拉着，周涵毫不怀疑奇奇会像马驹一样撒了欢儿地跑起来。

很快奇奇的新奇劲儿就过了，因为酒店里面实在是太吵闹了！

别人的说话声，碗碟的碰撞声，还有酒店放的背景音乐，这些声音夹杂在一起实在是太嘈杂了！奇奇感觉自己的耳朵嗡嗡的，脑袋也嗡嗡的。他大声问周涵什么时候走，周涵告诉他吃完早餐后就走。

吃完早餐后，周涵终于带着奇奇从饭店里走了出来，奇奇第一次感觉到鸟鸣声是这么动听。

周涵又带着奇奇去了图书馆。图书馆里的人也不少，但是大家安安静静的，就连问图书管理员找某个书架也是轻声轻语的。在这样的环境里，奇奇也不好大声说话了，一旦他的声音大一点儿，所有人就都能循着他的声音望过来。

“妈妈，这里好安静啊……”奇奇小声地对周涵说。

“图书馆就是要保持安静。”周涵解释道。

“如果在图书馆大声说话会怎么样呢？”奇奇很好奇。

很快，奇奇就知道会怎么样了，有一个年轻的妈妈带着一个看起来三四岁的小孩子走进了图书馆，这个小孩儿突然大声哭闹，马上有工作人员来到年轻妈妈面前提醒。但是不论年轻妈妈怎么哄劝，小孩儿都不停止哭闹，年轻妈妈没有办法，只能抱着小孩儿离开了图书馆。

见到这一幕的奇奇更加不敢发出声音了，安静地去找自己想看的书。

回到家后，周涵问奇奇："你现在知道为什么公共场合不能大声讲话了吗？"

"我知道了，公共场合如果大声讲话就会非常吵闹，还影响别人！如果大家都能在公共场合保持安静，就算是小声讲话也能让家人朋友听见，而且不会影响别人。"奇奇回答。

智慧启迪

教育孩子在公共场合保持安静，考虑他人的感受，是培养孩子社交礼仪和文明素质的重要一环。自由活泼是孩子的天性，但妈妈必须教导他们如何在适当的时候释放这份活泼。只有让孩子从小学会考虑他人的感受，遵守社交礼仪，才能帮助孩子在成长过程中建立健全的人格，从而和他人保持良好的人际关系。

温故知新

杨淇的儿子小杰在高铁上大吵大闹，让杨淇感到非常头疼，尽管她一再制止小杰的吵嚷，但是没一会儿小杰又会吵起来。

怎么会发出这么多声音呢？杨淇想不通。

自从小杰上了高铁后，一直就在玩耍，如果他是安安静静地待在一边玩耍，杨淇也不会感到头疼，但问题就在于小杰在玩耍的同时还大声喊叫，嘴里发出各种声音，这些声音尖锐又刺耳。

杨淇心想：现在的小杰大概就是网上所说的那种"熊孩子"吧！

为了不影响高铁上的其他乘客，杨淇又想了一个办法来阻止小杰的叫嚷。她拿出前一天为了乘坐高铁而特意去超市买的零食，对小杰说：“我们来玩一个游戏吧！”

一听到妈妈说玩游戏，小杰的注意力一下子就被吸引了过来。

“游戏规则是这样的，小杰你要保持安静，如果你吵闹一声，妈妈就会吃掉你的一颗糖或一小包饼干……”

听到妈妈说要吃掉他的零食，小杰急了，不管不顾地大叫了起来。

“停！”杨淇暂时压制住了儿子的声音，“如果你能保持安静，每半个小时我就给你一颗糖或一包小饼干，还给你看动画片。”

但小杰还是在叫嚷，因为他只想享受零食和动画片，并不想约束自己的行为。

杨淇没有对小杰喊停，只是在他换气的间隙说了一句：“好，一声。”然后直接打开包装袋吃下了一颗糖。

没想到妈妈真的吃了自己的零食！

小杰没忍住又大叫了一声。

“好，第二声。”杨淇又打开包装袋吃下了第二颗糖。

这下小杰不敢说话了，他用手紧紧地捂住了

自己的嘴巴，生怕自己再发出声音，让妈妈又吃掉自己的零食。

杨淇采取了正确的手段，终于让小杰知道在高铁上不能大叫。在接下来的时间里，乘客们都很舒心地度过了旅程。

知识拓展

妈妈在教育孩子的过程中是至关重要的，除了言传身教之外，还要找到正确的方法，让孩子学会保持安静。

首先，妈妈要培养孩子的共情能力，当孩子通过对他人的情绪感知，了解到大声喧哗的行为被人抵触时，他们自然就会规避这种行为；其次，要培养孩子的自制力，让他能够控制自己活泼的天性，在公共场合保持安静；最后，加强孩子的理解能力，让孩子明白在公共场合保持安静是道德对我们的约束，进而培养孩子树立正确的价值观念。

妈妈可以将以下方法传授给孩子们，让他们避免在公共场合大声喧哗：

1. 学校：上课不私下说话，下课保持教室安静，不打扰他人的休息和学习。

2. 交通工具：在交通工具上低声交流，为他人营造安静的休息环境。

3. 社会公共场所：不在要求保持安静的场所高声交谈。在人多拥挤的公共场所要控制兴奋情绪。

4. 与他人交流：交流出现问题时要控制音量，不要大喊大叫。如果他人在公共场合大声喧哗，应在保证自身安全的前提下及时制止他。

不公平

奇奇明白了公共场合不能大声讲话……

培养孩子尊老爱幼的美德

尊老爱幼是中华民族的传统美德，也是社会公德的重要内容。尊敬老人是对他们丰富经验和智慧的尊重，也是个人文明素养的体现。爱护儿童是为了给他们一个良好的成长环境，关心孩子们的身心健康。尊老爱幼体现了社会的温暖与和谐，传递了社会责任和关爱精神。我们每个人都应该从小事做起，尊重老人、关爱儿童，为构建一个文明、和谐的社会贡献自己的力量。

思维延伸

孩子作为国家的未来，必须具备尊老爱幼的良好品质。因此，妈妈要以身作则，成为孩子学习的榜样。例如，可以通过与爷爷奶奶、外公外婆等长辈的交流互动，让孩子感受到尊重和关爱的重要性。同时，我们也要教育孩子如何对待弱势群体，包括老人和幼小的孩子，培养他们的同理心和责任感。

此外，妈妈还可以在日常生活中讲述一些尊老爱幼教育的内容，例如通过参加一些亲子活动，让孩子了解尊老爱幼的意义和价值，并培养他们的关爱意识。妈妈也可以带孩子一起学习尊老爱幼相关的法律制度和社会支持体系，让孩子感受到各方面对老人和幼小群体的保护，帮助孩子树立起尊老爱幼的观念。

故事在线

沈菊的妈妈来看望沈菊，还给她带了亲手腌制的腊肉。这种腊肉不仅沈菊喜欢吃，她儿子皮皮也喜欢吃。

当皮皮看到饭桌上的腊肉时，别提有多开心了！他给自己夹了满满一碗腊肉，吃得好不尽兴。当盘里只剩下最后一片腊肉的时候，沈菊的妈妈刚想吃，却被皮皮先一步夹走了。

“皮皮。”沈菊看到这一幕后想教育孩子，“你刚刚已经吃了这么多腊肉了，现在姥姥想吃，你就不能让让姥姥吗？”

“可是姥姥家里有这么多腊肉，我现在多吃一点儿也没什么。”皮皮振振有词。

“皮皮！”

“好啦，没事的，一块腊肉而已，姥姥家确实有很多腊肉，皮皮吃吧，不用让给姥姥。”姥姥打断了沈菊对皮皮的批评，“沈菊，没事的，一块腊肉而已，我难得带腊肉过来，就让皮皮多吃点儿吧！”

见妈妈坚持，沈菊也就没再多说什么。

吃过晚饭后，沈菊想带着妈妈和儿子一起去逛逛商场消食。由于沈菊家的房子已经是很久以前买的了，楼层也不是很高，因此楼房没有安装电梯。沈菊妈妈年纪大了，下楼梯比较慢，得一步一步扶着栏杆往下走。

皮皮很期待去逛商场，但是他磨磨蹭蹭的，出门晚了，只能跟在姥姥身后走。姥姥走得慢，皮皮也只能慢慢走，这个时候皮皮不耐烦了。

“姥姥，你走得太慢了，能不能走快点儿？”皮皮语气不太好。

“皮皮，你怎么跟姥姥说话呢！”沈菊觉得皮皮实在是太不体谅老人了，“姥姥年纪大了，走路走得慢不是很正常吗？”

“走路走得慢，那她不去不行吗？现在害得我们所有人都在等她，爸爸都在下面等好久了！”皮皮反驳道。

“皮皮！你知不知道什么叫作尊老爱幼？姥姥年纪大了，你就不能让让姥姥吗？姥姥下楼慢你等等她又怎样呢？还有，刚刚

吃饭的时候，姥姥想吃腊肉，你让给姥姥不可以吗？”

沈菊的妈妈虽然宠爱外孙，但是她知道现在是女儿教育外孙品德的时候，所以她没有开口替外孙说话。

“我为什么要让她？”皮皮不高兴地说。

“那妈妈是不是也可以不让你呢？妈妈也喜欢吃腊肉，妈妈吃掉最后一块腊肉不行吗？妈妈也不喜欢等人，你磨磨蹭蹭的，妈妈不管你自己走不行吗？皮皮，妈妈问你，等妈妈年纪像姥姥一样大了，走路也慢了，你是不是也不愿意停下来等等妈妈？”

皮皮被沈菊批评得哑口无言。

“我会等妈妈的……对不起妈妈，对不起姥姥，我错了。”皮皮终于认识到了自己的错误，向妈妈和姥姥道了歉。

智慧启迪

孩子在了解尊老爱幼传统美德的过程中，家长的正面引导非常重要。在孩子小的时候，他们还没有形成自己的价值观和行为准则，因此妈妈可以通过言传身教的方式，向孩子展示尊敬长辈和孝敬父母的重要性。例如出门在外，妈妈可以告诉孩子，要主动地向爷爷奶奶、叔叔阿姨等长辈打招呼，并且示范给孩子看，这样孩子会慢慢地理解并模仿这样的行为。

温故知新

最近，市美术馆举办了一场活动，许多珍贵的绘画作品将在一定期限内在本市的美术馆里展览。付慧书觉得美术馆难得能够展览出以前只能在书上才能看到的绘画作品，自己如果不去看看或许有点儿可惜，再加上观赏绘画作品有助于陶冶情操，于是她决定要带着儿子浩浩一起去美术馆瞧瞧。

周六一早，付慧书就带着浩浩坐上

了公交车。因为美术馆距离家里有点儿远，所以付慧书和浩浩基本上要从起始站一路坐到终点站。

也是因为付慧书与浩浩上车的站点与起始站很靠近，所以他们登上公交车后还有位置坐。

公交车平稳地往前行驶，才过了几站，公交车上已经没有了可以坐的位置。又过了几站后，公交车上突然来了很多乘客，公交车里变得很拥挤。

“妈妈，为什么今天公交车上有这么多人？”浩浩问。

“大概是因为大家也想去美术馆看看吧！”付慧书猜测。

母子俩说话的间隙，上来了一位老奶奶，付慧书赶紧给老奶奶让了座，老奶奶和她的家属连连道谢。

看到妈妈给别人让了座，浩浩很奇怪：“妈妈，你为什么把座位让给了老奶奶？”

“因为妈妈在尊老爱幼，车上没有座位了，所以妈妈给老奶奶让了座。”付慧书笑着说。

浩浩点点头，表示自己明白了。

下一站上来了一个小女孩儿，浩浩主动把座位让给了小女孩儿，小女孩儿的妈妈一直在夸赞浩浩，小女孩儿也甜甜地说了一声“谢谢哥哥”。

浩浩很骄傲地对付慧书说：“妈妈，我跟你一样，我也尊老爱幼了，我给一个小妹妹让了座！”

付慧书给浩浩竖了一个大拇指，直夸他真棒。

得到了付慧书的夸赞后，浩浩更开心了：“妈妈，我以后会一直尊老爱幼的！”

知识拓展

培养尊老爱幼的习惯，妈妈可以从以下五个方面进行引导。

第一，妈妈应该为孩子树立榜样。尽力展示对待老人和儿童的耐心和关怀，让孩子从小就能够感受到这种美德的重要性。

第二，培养孩子的同理心。妈妈可以通过与孩子一起分享故事、观看纪录片等方式，让孩子了解不同年龄段的人所面临的困难和需求，引导他们体会到尊老爱幼的情感。

第三，抓住时机对孩子进行教育。例如，当孩子在公共场合看到老人或小孩儿需要帮助时，妈妈可以及时鼓励孩子主动伸出援手。

第四，给孩子提供实践的机会。鼓励孩子参与尊老爱幼的志愿者活动，让他们亲眼见到并参与到尊老爱幼的实践中，从而加深对这一价值观的理解和认同。

第五，及时表扬与奖励。妈妈要及时肯定和鼓励孩子尊老爱幼的行为，让孩子明白自己的善行是值得赞赏和奖励的。

等

沈菊教育皮皮要尊老爱幼……

如果孩子捡到失物，让他学会拾金不昧

拾金不昧意味着当我们在公共场合发现他人遗失的财物时，应该主动捡起并尽力归还给失主，而不是私自占有。这种行为不仅显示了个人的良好品德，而且维护了社会的公平和信任。因此妈妈应该培养孩子拾金不昧的品德，这也是促使他们养成良好道德观念的重要一环。通过教育和引导，我们可以帮助孩子明白拾金不昧的意义和重要性。

思维延伸

既然拾金不昧是传统美德，为什么还有孩子做不到呢？究其原因有三。

见钱眼开：此典故出自《比目鱼·挥金》，现在常用于比喻看到金钱就失去道德底线的人。在孩子性格的养成过程中，如果缺乏良好的道德观念和价值观，过分追逐个人利益，就容易见钱眼开，失去拾金不昧的美好品质。

有些孩子可能缺乏对他人权益的关注，对社会公德和道德规范缺乏敬畏之心。他们可能对拾金不昧的行为视而不见，甚至对此感到无所谓。如果孩子表现出这些特征，妈妈就要格外重视，避免孩子在成长过程中表现出不健全的人格。

有的孩子不主动归还失物，是没有意识到这是错误的行为，这就是教育的缺失了，需要进行正确引导。

故事在线

谢敏发现儿子钧钧最近多了一个玩具汽车，本来她想问问这个玩具是怎么来的，后来她猜测这大概是同学送给钧钧的，一个玩具汽车而已，自己何必还专门问呢？

谢敏不知道，就是因为她这次没问，导致后面惹出了一堆麻烦。

那天，谢敏像往常一样带着钧钧在楼下玩儿，钧钧还拿着那辆玩具汽车。正当钧钧玩得开心的时候，有一个小孩儿突然冲了过来，指着钧钧说他是小偷。谢敏还没反应过来呢，那个小孩儿的家长就冲着钧钧大骂，钧钧直接就被吓哭了。

“你在做什么？”谢敏赶紧上前保护钧钧，“你怎么直接冲过来就对我儿子破口大骂？”

“你儿子是小偷，偷了我们家的玩具汽车，我们骂小偷难道不对吗？”小孩儿家长气势汹汹地说着。

“只是一辆玩具汽车而已，外面商场多的是，你怎么就确定这个玩具汽车是你们家的？你不问清楚原委就来指责别人，你不觉得自己很没素质吗？”

“这可不是普通的玩具汽车，这个玩具汽车是知名品牌的限量款，价格在两千元以上，我手机里还有购买记录。我之所以肯定这辆玩具汽车是我们家的，是因为这辆玩具车的车牌号是我们特意定制的，我们还有定制的记录！”

谢敏看到了小孩儿家长手机里展示的记录，记录确实证明了这个玩具汽车是他们家的。不过，这可不代表谢敏相信自己的孩子会偷盗东西。

“钧钧你先别哭，你能告诉妈妈这辆玩具汽车你是怎么得来的吗？”谢敏轻声问。

“这，这辆车，我是，我是捡来的……”钧钧抽噎着回答，一句话说得断断续续的。

“我儿子说这个玩具汽车是他捡的。”

“什么捡的，我看就是他偷的！你儿子不仅是个小偷，还是个撒谎精！”

谢敏不想让小孩儿家长继续给钧钧泼脏水，于是她提议直接去物业处调出视频监控，看玩具到底是偷的还是捡的。

虽然谢敏讲得很轻松，但是小区监控不是这么好调出来的。为了能够调出钧钧捡到玩具汽车那段监控视频，谢敏找了很多工作人员，甚至还写了保证书，这才拿到了那段监控视频。视频监控显示，玩具汽车是被小孩儿遗忘在草坪上后被钧钧捡到的。

证据确凿，小孩儿家长确实错怪了钧钧，她只好向钧钧道歉。

事情解决后，谢敏告诉钧钧，以后在地上见到了别人的失物千万不能据为己有，要交到失物招领处或者交给警察叔叔。

钧钧非常乖巧地点了点头。

经过玩具汽车的事情之后，钧钧差点儿留下了阴影，他再也不敢胡乱地捡东西回家了。

智慧启迪

妈妈作为孩子最亲近的人，应该在日常生活中结合实际教育孩子拾金不昧，培养他们成为正直诚实的人。通过教育，孩子不仅能拥有诚实正直的品质，还能明白道德的重要性。这将有助于他们在今后的成长中成为更加优秀和有责任感的人。同时，妈妈也要记住，教育孩子需要耐心和持续的努力，我们要通过言传身教，给予他们正确的引导和榜样，让他们在成长中逐渐树立正确的价值观和道德观。

温故知新

“哇，满满一袋食物，我们能吃多久呀？”小钟问妈妈丁秋。

“这些面包应该能吃两三天，至于你的小零食——我估计如果我不限制你，你明天就能吃完！”丁秋笑着回答。

今天是超市的会员日，丁秋很早以前就想趁着超市会员日大

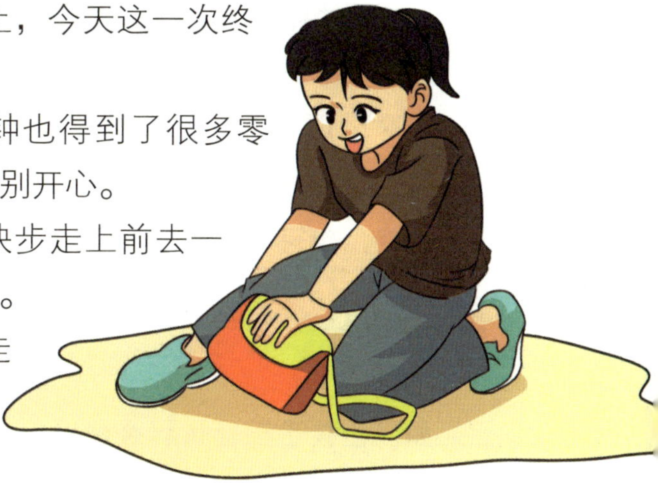

买一场，但是前几次都没赶上，今天这一次终于让她赶上了。

丁秋赶上了会员日，小钟也得到了很多零食，母女俩在回家的路上都特别开心。

突然，小钟眼前一亮，快步走上前去一踩，然后像做贼似的观察四周。

“你在做什么？”丁秋走上前问。

“嘘！”小钟放低了声音，“妈妈，你说话别这么大声……”

说完，小钟又谨慎地看看周围，确保没人注意后才快速蹲下捡起了一个钱包。

打开钱包确认了金额后，小钟笑得眼睛都眯了起来：“是二十张一百块钱！妈妈，我们赚了两千块钱！”

“这可不是我们赚来的，是你捡到的。”丁秋纠正女儿的说法。

“就一个说法的事儿，反正这笔钱都是要装进我们口袋的！”说着，小钟就想把钱包放进自己的口袋。

“不行。”丁秋阻止了小钟的行为，“这笔钱我们应该交到派出所。”

“为什么？”小钟不乐意了。

丁秋轻轻拍了拍小钟的脑袋，说：“妈妈平时怎么教你的？捡到失物尤其是捡到贵重物品和钱财，是要交到派出所的。”

看到女儿委屈地扁起了嘴，丁秋

给她科普了法律：“小钟，你知道吗？我们国家的法律规定，捡到失物是不能据为己有的，如果你据为己有，就是在违反法律。”

“这么严重？”小钟可不想犯法，“妈妈，我以后再也不敢把捡到的财物据为己有了！”

最终，小钟在丁秋的引导下把钱包送到了派出所。

知识拓展

如何让孩子正确认识金钱？

1．树立意识。可以让孩子用钱购买自己喜欢的物品，孩子认知金钱的功能后，也明白了金钱对于他人的重要性，为其日后养成拾金不昧的品质奠定了基础。

2．主人观念。明确告诉孩子，捡到的东西都有自己的主人，如果因为喜欢就据为己有是强盗行为，使其养成物归原主的好习惯。

3．客观态度。培养孩子对于金钱的客观态度，让他们明白金钱并不是衡量一个人价值的唯一标准，进而教导他们正确对待金钱。

当孩子捡到东西却未归还时，我们可以通过以下方法来进行教育。第一，引导孩子换位思考，让孩子意识到丢失东西的人可能会感到伤心或困扰。第二，让孩子归还物品后，进行一定的物质奖励，让他们明白这是一种正确的行为。第三，反思自己是否在日常生活中对孩子产生积极的影响。第四，与孩子坦诚地交流，解释捡到东西后不归还失主的后果。第五，鼓励孩子勇于承认自己的错误，并帮助他们意识到改正错误的重要性。教育他们从错误中吸取经验教训，便于以后能够更好地处理类似的情况。

委　屈

小钟向丁秋诉说委屈……

突发险情，教会孩子紧急避险的安全知识

生命是无价的，妈妈应教育孩子，遇到危险时学会冷静思考，并迅速采取适当的避险措施。不要因为财物而冒险，而是应该优先考虑自身的安全。在危险来临时，不要慌乱，要尽量保持冷静，找到最安全的逃生路径，迅速离开现场，再寻求帮助。让孩子千万记住，安全是最重要的，财物可以重新获得，但生命无法替代。

思维延伸

妈妈要时常向孩子科普安全知识，锻炼孩子的心智，让孩子在面对危险时保持冷静的头脑。同时要明确告诉孩子，选择正确的方式应对灾害，例如在地震等自然灾害中寻找掩蔽物、在遇到歹徒时躲到门窗后等。此外，妈妈要向孩子强调，遇到困难要及时寻求他人的帮助，例如向周围的人呼救或者拨打紧急电话等。此外，积累一些应急知识也是有益的，例如让孩子学习基本的急救技能和灾难逃生知识等。这些技能和知识可以帮助孩子们在危险情况下更好地保护自己和他人。总之，保护生命是最重要的，妈妈应教育孩子时刻保持警觉，正确应对突发情况。

故事在线

暑假之前，小勇很早就在网上看了一些赶海的视频，所以刚一放假，他就嚷嚷着让王丽带他去赶海。

王丽禁不住小勇念叨，最终决定趁着假期，带他去海边体验一次赶海。

下飞机后抵达酒店，小勇迫不及待地冲进卫生间换好了泳衣，然后跑出来恳求王丽带他去海边。王丽被磨得没办法，只好先带他去海边玩耍。

一来到海边，小勇就觉得自己身上的炎热都退却了，整个人都舒坦极了，他开始在岸边游动，抓捞被海浪冲上来的贝壳，别提多开心了。

王丽不会游泳，只能坐在海滩上看着小勇玩儿。海边景色很好，所以王丽有些走神儿，等她回过神的时候才发现，岸边已经看不见小勇的身影了。

就在王丽想起身寻找的时候，她发现小勇从远处的海水里冒出来，舞动着双手。

“小勇，你怎么了？”王丽对着小勇大喊。

太远了，王丽的声音几乎传不到小勇的耳朵里，小勇的呼救声也传不到王丽这边。

紧接着一个浪花拍过去，小勇彻底消失在王丽的视线中。

不好，小勇溺水了！

王丽发疯似的朝海边跑，同时向周围大声呼救。

“不好啦，有人溺水了，救救我儿子！”

王丽被吓坏了，就在她惊慌失措的时候，忽然一个大爷“扑通”一声跳进了海里。

大爷游泳的速度非常快，一下子就来到了小勇身边，拎着小勇的后颈一提，就把小勇的脑袋拎出了水面。然后大爷又对小勇说了什么，小勇不再挣扎，大爷用一只手绕过小勇背后托在了他的胳肢窝下，另一只手开始以蛙泳的方式游向岸边。

小勇被营救得非常及时，回到岸边后，他脸色苍白地躺在地上，连咳嗽的力气都没有了。

王丽抹着眼泪感谢大爷，还想给大爷一些报酬。

大爷没收下王丽给的钱，只是对王丽说："幸好今天海浪不大，也没遇到离岸流，要不然别说你儿子了，恐怕连我也得搭进去。"

王丽直点头，说大爷教训得是，见小勇恢复得差不多了，她便拉着小勇跟大爷道谢。大爷摆摆手说不用，让王丽有时间赶紧带小勇去医院检查。

折腾了一通，假期彻底泡了汤。

后来，王丽才知道小勇是因为觉得海边不够刺激，仗着自

己水性好，自己跑去海水深处的。结果到了那边他发现离海岸太远，想后悔已经来不及了。

事后，王丽恶补了关于溺水的知识，也把自救的知识教给了小勇。在学习了溺水的知识后，王丽教育小勇道：“我教你这些，不是让你继续去危险的地方游泳的，而是想告诉你，如果遇到突发危险，应该如何保护自己。”

小勇对王丽点点头，保证道：“你放心吧妈妈，我以后绝对不会再做这种危险的事情了。”

智慧启迪

溺水作为一种常见的意外事故，妈妈们应当如何避免呢？首先，带孩子到水边玩耍，必须时刻看护。一定要让孩子穿上安全、合格并且适合孩子身材的救生衣，并扣好所有的扣带。在日常生活中，告知孩子应在妈妈或其他成年监护人的看管下参加水上活动，不允许单独或与其他小伙伴一起去水边玩耍或游泳。如果发现同伴溺水了，可以大声呼喊，但不要下水；可以将周围的救生圈、木棍等扔给溺水者。这样可以有效地减少溺水事故的发生。

温故知新

卫颖在看书的时候，突然感觉自己的衣角被人拉了一下——是她的女儿欣欣。

“你在干什么呀？”卫颖问欣欣。

“妈妈，杯子会动！”欣欣漂亮的大眼睛里满是惊奇。

“什么杯子会动？”卫颖刚问完，下一秒她就感觉到了震感。

地震了！

卫颖赶紧抱着女儿往外面跑。

啪啦——

不用回头，卫颖也知道这是自己放在桌边的笔筒被震落到了地上。客厅的饭桌开始晃动，厨房里传出碗碟相互碰撞的声音。

还好卫颖家住的楼层低，让她能够快速带着女儿跑到了小区里空旷的地方。

值得庆幸的是，这次只是个小地震，震动没多久就结束了，没有人员伤亡。

虽然地震停止了，但是大家对地震的讨论还没有停止。卫颖在向人打听还会不会有余震时，欣欣问了她一个问题：“妈妈，什么是地震？”

看到女儿眨巴着眼睛仰头望着自己，卫颖的心软得一塌糊涂。她蹲了下来，与欣欣平视，说：“地震是一种自然现象，是大地的震动，当地震发生后就会像你刚刚看到的那样，杯子、笔筒甚至衣柜都会动起来。”

“衣柜都会动起来？地震好可怕！”

“是的，欣欣，有的人还因为地震失去了自己的家园。”

欣欣是一个善良的孩子，听到有人因为地震而失去家园时，她的表情一下子变得难过了起来。

“所以，以后遇到地震，欣欣一定要像妈妈一样赶快跑到空旷的地方。如果来不及跑出室内，那你就要躲在坚固的桌子下保护自己的头部，知道吗？”卫颖认真地告诫欣欣。

欣欣点点头，但她还是很难过的样子。

卫颖说：“欣欣，你现在学好防震知识，以后你就能做一名志愿者去帮助那些因地震受灾的人了！”

欣欣一下子就振奋了起来：“妈妈，我一定会好好学习防震知识的！”

知识拓展

发生地震时怎么办？

地震无情，妈妈们要在日常生活中给孩子们传授一些自救的方法。首先告诉孩子，身处楼房室内，请迅速找到承重墙或厕所等狭小空间进行躲避，护好头部。不要乘坐电梯，更不要跳楼逃生。若身处平房室内，尽力跑到室外，如不行，就躲进桌子或床下，用棉被等柔软物体护好头部。来到室外后，要远离墙体、水塔等高大建筑，避开变压器、高压线等危险地带。若地震发生时正在乘坐交通工具，请抓好扶手或座椅，随后在工作人员的安排下有序撤离，不要恐慌。

妈妈还要提醒孩子，如果在震后不幸被掩埋，不要丧失求生意志，在身边寻找可用的工具掩住口鼻，避免吸入过多灰尘，不要乱动周围物体，防止塌方。此外，保持冷静，不要大喊大叫浪费体力，可以使用敲击的方法寻求救援。注意周围的动静，一旦救援人员来临，立刻出声帮助救援人员确定自己的位置，帮助自己逃离困境。

洗衣机

欣欣想要弄清楚，到底什么是“地震”……

篇末问卷

1. 在公共场合里，你觉得大声喧哗的做法恰当吗？如果遇到这种情况，你会如何应对呢？

2. 你觉得我们在生活中如何做到“尊老爱幼”？结合具体实例说一说。

3. 什么是拾金不昧？你有过拾金不昧的经历吗？

4. 如果公共场所里突然发生紧急情况，比如火灾、地震、电梯故障等，我们该如何安全避险、紧急逃生呢？

第五篇

人际交往中的规矩

孩子渐渐长大，产生了和他人进行人际交往的需要。因此妈妈要及时告知孩子，在交际过程中，必须遵守人际交往的规矩，而这些规矩中包含着诸多交际礼仪。

当孩子熟练运用交际礼仪与他人交流时，不仅能体现其自身良好的道德品质，还能帮助孩子与他人建立良好的人际关系，从而提升孩子的自信心，为孩子日后步入社会奠定坚实的基础。

让孩子学会主动而礼貌地打招呼

妈妈要通过言传身教告诉孩子，向熟人主动而礼貌地打招呼，是一个人拥有良好修养的表现。无论是在公共场合还是日常生活中，主动打招呼都能展示对他人的尊重和关注。妈妈要注意提醒孩子，虽然不是所有的问候都能得到回应，但也要保持对待他人的和善态度。因为通过打招呼，不仅展示了自身的素质和教养，还能赢得别人的好感和尊重。

思维延伸

父母都希望自己的孩子具备良好的社交技巧，因此，妈妈可以从教导孩子最基本的问候礼仪入手，帮助他们拥有良好的人际交往能力和社交习惯。这不仅能让孩子在与他人交流时表现得友善和尊重，还有助于建立积极的人际关系和提升自信心。

父母作为孩子的第一任老师，应通过示范、模仿和正面激励的方式，逐步帮助孩子养成良好的行为习惯和礼仪意识。当孩子能够将礼貌用语内化为条件反射时，他们将在日常生活中更加自然地展示出尊重和关心他人的态度。这将对他们的人际关系、职业发展以及未来的生活都产生积极的影响。

亲戚来到家里做客了，万娇招呼了客人，想让儿子小昊也跟叔叔婶婶们问好，结果一转头，小昊不知道什么时候跑回房间了。

趁着丈夫在与亲戚们聊天，大家都没注意的间隙，万娇来到了小昊的房间。

“你怎么一见到叔叔婶婶他们就跑回房间，也不跟他们打声招呼呢？”万娇问小昊。

“怎么跟他们打招呼？”小昊问。

“就是说句‘叔叔婶婶好’呀！”万娇拍了拍小昊的手臂，说：“待会儿出去吃饭的时候你一定要跟叔叔婶婶们问好，知道吗？”

“知道了……”

看到小昊很不情愿的样子，让万娇想起了之前和他一起逛商场的时候，碰到了一个很面熟的跟儿子差不多大的孩子。当时她一直想不起来是谁，后来经过小昊提醒，她才想起来那个孩子是小昊的同学。她让小昊上前去打招呼，那时候小昊也是现在这副很不情愿的样子。

“你不喜欢跟人打招呼吗？”“嗯。”“为什么？”“不喜欢就是不喜欢，哪儿有这么多为什么。”

万娇有点儿头疼，她又问：“别人跟你打招呼的时候呢，你是怎么做的？”

小昊告诉她，如果是别人和他打招呼，能不回应的他就尽量不回应。

看来小昊是真的不喜欢跟人打招呼这件事。

“但是打招呼是一种礼貌，一个有教养的孩子都会去主动和人打招呼，也会回应别人打招呼。”万娇尝试劝说小昊。

“你也希望别人能夸你是一个懂礼貌、有教养的好孩子吧？”

小昊还是一副不太情愿的样子。

万娇继续劝说：“小昊，你知道吗？如果别人主动和你示好，跟你打招呼，你不回应的话，这是很惹人讨厌的，以后朋友们会不愿意和你一起玩儿的！”

小昊动摇了：“但是我不知道该什么时候跟人打招呼，之前跟人打招呼的时候总会出现别人没听到然后不搭理我的情况。”

原来是因为这个，小昊才不愿意跟人打招呼的。

“以后，你可以等别人的眼神与你交流时再跟对方打招呼，或者你声音再大一点儿，加上对对方的称呼，这样就不用担心跟人打招呼时别人没听到的情况了。”万娇又安慰道，“而且，就算别人真的没听到又怎么样呢？你只要好好地主动地打了招呼，你就是一个有礼貌、有教养的小孩儿了呀！”

小昊被万娇劝服了：“好，那我待会就跟叔叔婶婶们打招呼！”

吃饭的时候，小昊主动地跟长辈们问了好，长辈们都特别开心，一直在夸小昊有礼貌，把他夸得嘴角都咧到耳后根去了。

小昊心想：跟别人打招呼的感觉也没有那么差劲儿嘛！

智慧启迪

妈妈要在日常生活中向孩子灌输这样一种观念：打招呼是一种基本的礼节行为，它能够表达对他人的尊重和关心，即使是与不太熟悉的人见面，也应该主动打个招呼，哪怕只是点点头，或者相视一笑，都可以表示礼貌和友好，否则就会给人留下冷漠和傲慢的印象。这样主动打招呼，孩子就会逐渐习惯使用问好的用语和礼节，有助于他们日后维持良好的人际关系。

温故知新

方瑜带着女儿小月一起去逛商场，母女俩逛累了，想在去吃饭之前上个厕所，没想到正好碰到了邻居。

方瑜本想点头示意一下就算是打招呼了，但她没想到小月先大声叫了一句“阿姨好”。

由于小月喊得太大声，周围的人都看了过来，邻居看起来有点儿猝不及防，连声应答好。如果只是这样也还好，但是方瑜没想到小月又说了一句令人尴尬的话。

“阿姨，你吃过饭了吗？”

周围人的目光又扫了过来，方瑜只能保持镇定。

但邻居可能感到有点儿不自在了，她说了一句“还没吃，要回家煮”就赶紧离开了。方瑜觉得邻居离开的速度比平时走路的速度快，大概是因为小月听说她没吃饭后热情地邀请她一起去解决午餐，让她有点儿承受不了吧！

从厕所出来后，方瑜问小月：“你为什么要在厕所里大声跟阿姨打招呼？”

小月说因为不大声的话她怕阿姨听不到。

方瑜又问：“那为什么你还问阿姨有没有吃过饭？”

结果小月一脸疑惑地看着方瑜：“妈妈，平时你不就是这么跟人打招呼的吗？而且现在确实是午餐时间，我问这句话没问题呀！”

方瑜捂着额头告诉小月：“小月，妈妈现在告诉你，打招呼也是要看场合的……像刚刚在厕所里，等邻居阿姨走近你的时候，你用正常的音量打招呼就好了，没必要喊得那么大声，让所有人都看了过来。此外，身在厕所这样的场地，就不要问别人‘吃过没有’这句话了。”

“没想到打招呼还有这么多规矩……”小月惊讶地说。

“打招呼是灵活变通的，但是要注意场合，”方瑜点了点小月的脑门儿，“像刚刚在厕所就是特殊场合，你就不要沿用平时的打招呼方式，知道吗？”

“知道了……”小月摸摸被方瑜点过的脑门儿。

知识拓展

妈妈要时常提醒孩子注意问好的礼节，潜移默化地让孩子养成自觉问好的习惯。

1．热情主动。要主动走上前去打招呼，展示自信和友好的态度。

2．恰到好处。态度要不卑不亢，得体适度，不要让他人觉得过于冷漠或热情。

3．随机应变。在不同场合和环境中，打招呼的方式和程度有所不同，要根据具体情况作出调整。如正式场合或悲伤的时刻，打招呼的方式可能需要适当调整一下。

4．面面俱到。如果有多个人需要打招呼，要确保每个人都收到问候，不忽视任何人。

除了语言提醒外，妈妈也要做出具体行动。

1．妈妈言传身教。妈妈要起到榜样作用，主动与人打招呼，尊重他人。

2．营造家庭氛围。创造积极友善的氛围，鼓励家人之间互相问候和交流，让孩子感受到亲近和关爱。

3．主动鼓励孩子。不要给孩子贴上内向的标签，鼓励他们主动与人交流和打招呼，帮助他们建立自信心。

4．提前做好准备。在去特定场合前，提前告知孩子应该如何打招呼，让他们知道正确的行为和态度。

灵活变通

方瑜和小月逛街的时候又遇到了邻居……

教导孩子诚实守信，不要谎话连篇

诚实是一种高尚的品格。一个诚实的孩子能坦诚地面对自己的错误和缺点，勇于承认并改正，从而不断成长和进步。诚实还能建立起信任关系，让孩子和他人的交往更加真实和稳固。诚实的孩子还会受到他人的尊重和欣赏，他们的言行会得到他人的认可和信赖。同时，诚实也是道德和伦理的基石，它能够引导孩子遵守法律规定、遵守社会公德，保持良好的人际关系。

思维延伸

妈妈在教育孩子的过程中首先要明白，诚实守信是最基本的品格，说谎和欺骗会失去他人的信任，满口谎言的孩子也无法受到别人的欢迎。但在孩子的成长过程中，说谎是难免的，有些孩子害怕被父母批评或惩罚，所以选择用说谎来掩盖错误或行为；一些孩子可能会为了达成某种愿望而说谎，希望通过欺骗来得到自己想要的东西；还有一些孩子可能并没有意识到自己在说谎，他们可能将想象和现实混淆，难以分辨真实与虚构之间的界限；部分父母在日常生活中不诚实守信的行为，也可能导致孩子养成说谎的坏习惯。

故事在线

姜又莲在给儿子小武收拾房间的时候，发现了一本漫画书。她很奇怪，自己不记得给儿子买过这本漫画书，去问了丈夫，丈夫也对这本漫画书毫无印象，后来问小武漫画书是怎么来的时候，小武说是向同学借的。

哦，是向同学借的，那她和丈夫没有印象就很正常了，姜又莲这样想。

几天后，姜又莲在菜市场碰到了小武同学的家长，就聊了两句。那个家长抱怨学校要求交十五元的资料费，说这钱应该由学校来承担。

十五块钱资料费？资料费不是二十元吗？

姜又莲再三确认后，确定了前一段时间学校收的资料费用就是十五元。但是当时小武说的可是二十元钱哪，难道小武说谎了？这个时候姜又莲忽然想起了自己几天前收拾房间见到的漫画书，小武明明已经看完了漫画书，但他却迟迟没有归还给同学。

姜又莲心中有了猜测。回到家后，她第一时间找到了那本漫画书，看到了漫画书背后的售价，不多不少，正好五元钱。

小武果然说谎了！

得出这个结论的姜又莲很生气，她拿着漫画书找到了小武，问他：“小武，之前你说过这本漫画书是向别人借的，你什么时候还回去？”

“我，我过两天就还给他了……”小武看起来有点儿紧张。

“那妈妈问你，之前学校要求交的资料费用是多少钱？”

“十……二十元钱……”

“你还在说谎！”姜又莲发火了，“学校的资料费明明就是十五元，今天我遇到小王的妈妈了，小王妈妈亲口跟我说的！”

眼见已经瞒不住了，小武这才承认了自己撒谎。

“你为什么要说谎？”姜又莲很在乎小武说谎的原因。

小武告诉姜又莲，因为自己长大了，有很多想买的东西，但是家里一直没有给他零花钱。有一次他在外面急需用钱的时候都不知道该怎么办，后来有同学把自己的零花钱借给了他，他很感激，但不知道该怎么还钱，最后只能借助虚报费用的方式把钱还

给了那个同学。后来，小武觉得通过虚报费用的方式能让自己拥有零花钱，就一直这么做了。

听完小武的自述，看到面前低头认错的他，姜又莲叹了口气。

姜又莲告诉小武，做人一定要诚实守信，不能为了满足自己的私欲而说谎。同时，她同小武说，家里可以设置零花钱制度，但是如果他撒谎，就会被扣除零花钱。同样的，如果他能对别人信守承诺，他将能额外得到信用资金。

听完姜又莲的话，小武开心地蹦了起来。

“谢谢妈妈，我以后一定会努力做一个诚实守信、一诺千金的人！”小武说。

智慧启迪

信用既是无形的力量，也是无形的财富。作为妈妈，应该培养孩子从小就讲诚实、守信用的品质。无论承诺的事情大小，妈妈都应该教导孩子认真对待，并尽力履行承诺。例如，孩子答应了和别人分享零食，就要坚守承诺，不轻易后悔；如果约好和朋友一起玩耍，却因为临时有事无法赴约，要提前告知朋友并说明情况，不要辜负朋友的期待。

温故知新

如果不是老师打电话过来，于瑶可能都不知道儿子小龙跟自己撒谎了。

这天吃完晚饭后，于瑶接到了小龙老师的电话，老师问于瑶是否知道小龙的成绩。因为这次小龙的成绩考得比较糟糕，其中语文试卷直接没写作文，老师是希望小龙能把试卷拿回家给爸爸妈妈看过后签字，在学校和家庭间形成合力，共同促进小龙进步。但是老师拿到签了字的试卷后发现签名的字迹不对，这才给于瑶打了电话。

别说签字了，于瑶连小龙考试的事情都不知道。之前她问过小龙最近有没有

考试，小龙撒谎说学校为了赶学习进度，最近一直没有考试。

于瑶走到小龙面前，质问他为什么要撒谎欺骗自己。

一开始小龙还想掩饰，但当他知道老师已经和妈妈通过电话后，终于承认了自己的错误。

“为什么要这么做？小龙，妈妈平时怎么教导你的，难道你就是一个怎么都教不好的孩子吗？”于瑶的话说得有点儿重了，小龙的眼泪都差点儿流了下来。

“我就是笨！怎么学都学不好，达不到你的要求……明明每天都在熬夜学习，没想到成绩还越来越差，甚至在语文考试上睡着了，连作文都来不及写。”小龙真的感到很委屈。

“但这也不是你撒谎的理由……”于瑶的语气放缓了一点儿。

“我达不到要求，你和爸爸会骂我的……”

通过小龙的诉说，于瑶才知道原来自己对小龙巨大的期望一直让小龙感到有压力，他难以承受于瑶失望的目光，所以这次考试失利后，他选择了撒谎，向父母隐瞒成绩，模仿家长签名欺骗老师。

于瑶知道小龙内心的煎熬后，为平时自己对他的严厉批评道歉，并希望他以后能做一个诚实的孩子。

听到于瑶的道歉后，小龙终于泪如雨下，答应于瑶以后再也不撒谎了。

知识拓展

如何让孩子改掉说谎的毛病

1. 分析原因。找出孩子说谎的动机，进而让其改变。

2. 明确目标。帮孩子明确说谎是不好的习惯，督促他改变。

3. 设定代价。设定说谎的惩戒，让孩子明白说谎是要付出沉重的代价的。

4. 给予奖励。孩子在一段时间内能坚持不说谎，给其一个奖励。

5. 坚持总结。循序渐进，通过不断总结和坚持，最终帮助孩子养成不说谎的好习惯。

妈妈应帮助孩子树立正确的价值观，让他们了解诚信的本质。在日常生活中，除了言传身教外，妈妈应对孩子的行为进行规范，针对诚信制定奖惩措施，让孩子认识到诚信的好处以及说谎的后果，进而培养孩子诚实守信的品质。

严厉批评

小龙闯祸了，于瑶很生气……

倾听时，让孩子懂得尊重，不要随意打断他人

妈妈在培养孩子的交际能力时，应该告诉孩子，要尊重他人的发言权，不随意打断或插话。一个人的素质高低并不在于他的表达能力有多强，而是在于他能否倾听并给予对方足够的时间表达观点，不急于插话；能否积极思考对方的立场和感受，尊重多样性。只有让孩子做到这些，才能够更好地与他人交流，建立良好的人际关系。

思维延伸

只要交际就会和他人产生交流，因此妈妈要提醒孩子，不打断别人说话是人与人相处中最基本的礼貌之一。妈妈还要和孩子强调打断他人说话所造成的严重后果。这样做不仅会打断对方的思路和表达，还可能给对方带来不愉快的感受，甚至破坏了有效沟通的机会。这样孩子就会意识到，只有遵守这一沟通的基本礼仪，才能和他人进行正常的沟通。久而久之，孩子就会自觉养成尊重他人的个人空间、意见和决定的习惯，在生活中孩子也会倾听并理解他人的观点，从而建立起良好的人际关系，减少冲突和误解。

故事在线

范艺注意到很多次了，儿子小方总是打断别人的话。她也教育过小方很多次了，不要打断别人说话，这样很不礼貌，但是他从来没听进去，想说话的时候就说话，丝毫不顾及别人的感受。

这可不行，一定得想个办法让小方改掉他的臭毛病！

有一天，范艺故意问小方：“你说，今晚是给你做番茄炒蛋好呢？还是……”

话还没说完，小方就打断了范艺：“番茄炒蛋，我要吃番茄炒蛋！”

小方最喜欢吃的菜就是番茄炒蛋，一听到范艺说出这道菜，他就毫不犹豫地作出了选择。

范艺被打断了，也没生气，只是笑眯眯地问小方确定了吗，在得到了小方肯定的答复后，她就走进厨房做了番茄炒蛋这道菜。把饭菜放到饭桌上的时候，小方直接就吃了起来，范艺也不说话，静静地看着他吃完。

等到小方把肚子吃得饱饱的，范艺就带着他出门了。

小方还以为妈妈是要带着自己去逛商场，一路上都特别兴奋，直到妈妈带他走进了一家汉堡店。

看着范艺利落地点了汉堡之后，小方都呆住了。

“妈妈，我吃饱了，为什么还要买汉堡？”

“因为妈妈没吃饱，妈妈要吃汉堡呀！”范艺对小方说。

“妈妈，今天出来吃汉堡，你为什么没跟我说呢？”小方感到很委屈。

范艺笑着说："妈妈没有不跟你说哟！本来今天是想给你选择，看你是吃汉堡还是吃番茄炒蛋，但是你还没等我说完就选择了番茄炒蛋。所以，不是妈妈没跟你说，而是你打断了妈妈讲的话哦！"

汉堡和番茄炒蛋当然要选择汉堡啦！汉堡和番茄炒蛋小方都很喜欢吃，但是由于番茄炒蛋可以常常在家里吃到，可汉堡很少能吃到。所以小方现在可后悔了，后悔自己没把妈妈的话听完，导致现在只能看着妈妈把自己爱的汉堡吃完了！

范艺吃完汉堡后问小方："你现在知道打断别人话的滋味儿不好受了吧？"

小方点点头。

“小方，你平时总是打断别人的讲话，已经养成了习惯，但这可是毛病！因为打断别人说话是一种非常不礼貌的行为，这种行为会让人感到很不舒服。”

现在的小方完全感觉到了那种不舒服。

“所以，你以后在听别人说话的时候还会打断别人吗？”范艺问。

小方摇摇头，说：“不会了，妈妈，我错了。我以后一定好好听别人说话，再也不会打断别人了！”

范艺很开心，她终于让小方认识到了自己的错误，也让他有意识地要改掉自己的毛病了！

智慧启迪

尊重是人与人之间建立美好关系的基石。无论是成年人还是孩子，尊重都是必备的基本教养，因此妈妈要在孩子很小的时候就教育他们要尊重他人，告诉孩子只有尊重别人，才能获得别人的尊重和信任，从而培养孩子养成尊重他人的良好习惯，为他日后建立和谐、友善的人际关系奠定基础。

温故知新

苏凤带着女儿小童参加了家庭聚会，本来还担心几个小孩子在一起会不会都不熟悉，只在自顾自地玩手机，没想到他们自己找到了共同话题。

想知道他们都在聊什么，于是苏凤就在房间门口观察了一会儿，发现大家都在聊最近很火热的动画片。同时，苏凤突然注意到小童总是打断表妹说话，这在自己面前可是从来没有过的，难道她在同龄人面前才会有这个习惯吗？

不管怎么样，打断别人讲话就是一个坏习惯。为了让小童能够改正这个坏习惯，苏凤把小童叫了出来。

“小童，你为什么总是在表妹讲话的时候打断她呢？”苏凤问。

“因为她讲的东西不对！”

“她讲的动画片剧情完全不对，她到底有没有看过呀？为什么总是说错！”小童不由自主地抱怨。

“但是小童，你不能总是这样打断表妹的讲话，你得给她表达自己的机会。”“就算是她讲错了我也要让她说吗？”“是的。”

小童有点儿不开心了：“为什么？”

苏凤尝试激起小童的同理心，说：“你想想，你平时说错的话是不是也很多，但是爸爸妈妈是不是总是会听你说完？”

小童在家的时候分享欲很强，但有时候他讲出来的内容与实际不符。

“尽管妈妈和爸爸总是觉得你讲得不对，但我们是不是每次都认真地听你说完？”

小童想了想，确实是这么一回事儿。

“那你现在面对表妹能不能也向爸爸妈妈学习？不论对方说的事情对不对，都先给予对方表达自己的权利。”

这句话让小童回想起了爸爸妈妈平时认真倾听自己说话的情形，她告诉苏凤：“我知道了妈妈，我会向你和爸爸学习的！”

回到房间后，在表妹说话的时候，小童再也没有打断过她了。

知识拓展

如何帮孩子改正打断他人说话的习惯

第一，告诉孩子进行换位思考，想象自己被打断时的感受。第二，教育孩子控制自己的冲动，不要为了表达自己的意见而打断别人说话，而是尊重他人的观点并给予足够的时间。第三，帮助孩子克制表现欲，在对话中要尊重他人，避免过度抢话。

总之，妈妈要培养孩子倾听的好习惯，尊重别人的意见。同时妈妈要以身作则，避免自己插话和打断别人说话，通过自己的行为规范来引导孩子。

打断说话

苏凤教育小童不要打断别人的话……

如果孩子犯错，让他学会勇于担当并道歉

孩子难免会犯错，重要的是要让孩子勇于承担错误的后果并学会道歉，这是培养其责任感、教会其维持人际关系的重要一环。当孩子犯错时，我们应该引导他们直面错误，勇敢地承担后果，并从中吸取教训。同时，教导他们诚实地向别人道歉，表达自己的歉意和改正错误的决心。最终让孩子明白自己的行为对他人产生的影响，最终成长为有责任心的人。

思维延伸

孩子在成长过程中，难免会犯错，重要的是如何面对错误。勇于承认错误并为之负责，是培养孩子责任心的关键一步。当孩子承认错误时，他们会意识到自己的行为对他人和环境造成的影响，并且愿意为自己的行为负责。通过承认错误，孩子学会了坦诚地面对自己的过失。这样优秀的品质将使孩子建立起良好的人际关系，并且获得他人的信任和尊重。

从心理学角度来看，学会认错的孩子心智更加成熟，他们能勇敢面对错误，久而久之也能更加全面地思考问题。因此学会承担错误是一个人成长的关键环节，孩子能从错误中吸取教训，不断改进自己，最终在学习和工作中取得成功。

故事在线

“这是我的水杯！”

“明明是我的水杯！”

夏红一回家看到的就是姐妹俩吵架的场景。

“纪云，纪如，你们在干什么呢？”

纪云第一时间向夏红控诉：“妈妈，妹妹抢我的水杯！”

“不对不对，是姐姐抢我的水杯！”纪如也不甘示弱，向夏红告状。

纪云和纪如两姐妹等着夏红主持公道，但是夏红觉得很为难，因为这两姐妹的水杯是一样的。可能双胞胎的眼光比较一致，喜欢的东西都长一个样，换一个颜色都不愿意。当初在商场里，夏红就曾经劝过，让两个人不要买一样的水杯，不然容易弄混，但是她们都不愿意，现在果然出现了分不清是谁的水杯的问题。

“另一个水杯呢？”夏红本来想用另一个水杯来巧妙地转移视线，但是没想到另一个水杯不见了。

难怪她们吵得这么激烈！夏红心里想。

这可怎么办呢？有两个人，而水杯只有一个。

最后是纪云说自己给水杯做了标记，套着水杯的绳子上有红色笔墨，这才让夏红认为水杯应该属于纪云。但是纪如不同意，因为她今天也正好不小心用红笔画到了自己的水杯绳子上，但是夏红和纪云都以为这是她为了要水杯而说的谎话。直到老师打电话过来说纪云的水杯落在了办公室里，夏红和纪云这才意识到错怪了纪如。

“我好像想起来了，我今天去办公室里给老师背书的时候，好像带了水杯过去，但是忘记拿回来了……”纪云有些讪讪地说。

“所以我们都冤枉了纪如。”夏红看了一眼房间，“纪如现在还在房间里面生我们的气呢。”

夏红和纪云商议一起去跟纪如道歉。

“我能不能晚一点儿再去道歉？”纪云知道自己错了，她不是不愿意道歉，只是刚刚她和妹妹吵得太凶，现下有点儿拉不下脸。

“不行。”夏红拒绝了纪云的请求，“如果要道歉，就要及时去，不要拖拖拉拉，拖拉的道歉是不真诚的道歉。”

“我保证我待会儿道歉一定非常真诚！”

“纪如因为我们还在难过呢，你难道希望她持续这个状态吗？”

纪云沉默着不说话。

夏红劝纪云，“既然已经认识到了自己的错误，就要勇敢地去承担错误并且向对方真诚地道歉，不要因为自己一时抹不开面子而让自己没有担当。所以，纪云，我们勇敢一点儿，现在就去道歉，好吗？”

纪云同意了。

夏红和纪云来到房间里，为自己冤枉了纪如的事情道歉，纪云还拿来了那个水杯，捧到了纪如面前。

纪如大方地原谅了夏红和纪云。

看到姐妹俩抱起来的画面，夏红知道，她们又和好如初了，而且这一次，两个孩子都感受到了真诚道歉的力量。

智慧启迪

认错是一份责任，也是一种修养。孩子犯了错误，我们要教导他们，勇于承认并向别人道歉，这样不仅能够修复关系，还展现了自己诚实勇敢、成熟谦逊的品格，这样的人更值得信赖。通过认错，表明自己愿意直面过错的态度，并愿意为此付出努力来改正。作为妈妈，我们应该鼓励孩子在面对错误时，敢于认错并承担责任，这样他们将成为一个更加成熟、可信赖的人。

温故知新

朱艳芳一看到儿子小胡鬼鬼祟祟又有点儿慌张的样子，就知道他又闯祸了。

“说吧，你又做什么了？”朱艳芳问小胡。

小胡不敢对朱艳芳有隐瞒，一五一十说了出来。刚刚他看到奶奶在揉面团，觉得很好玩儿，于是他趁奶奶出门的时候，拿出正在发酵的面团想玩一下，没想到一下子手滑，面团掉到水盆里了！

奶奶最讨厌别人破坏自己的劳动成果，所以小胡慌慌张张，想找个地方躲起来。

知道了儿子闯的祸后，朱艳芳建议他去道歉："小胡，既然面团已经被你破坏掉了，你躲起来也没用，你不如在奶奶回家后和她好好道歉。"

"但是奶奶生气的时候好可怕，我不敢……"小胡恳求朱艳芳想想其他办法。

朱艳芳还是劝他和奶奶道歉："你如果不主动道歉，等奶奶发现是你搞的破坏后会更加生气；反倒是你在奶奶回来之前，把水池整理干净，再好好跟她道歉，她可能会更快原谅你。"

小胡还是有点儿犹豫，朱艳芳加了一把力："你难道不是男子汉吗？男子汉都是敢作敢当、勇于承认错误的……"

"妈妈，我要去清理水池了，我还要在奶奶回来之前重新准备好制作面团需要的材料，然后和她道歉！"小胡说到做到，在奶奶回到家之前就做好了准备工作，在奶奶刚进家门的时候就向她道歉了。

朱艳芳一直在关注小胡的动向，发现他一直在努力弥补自己的错误，而且在道歉的时候他甚至还鞠了一躬，让朱艳芳觉得既好笑又欣慰。

奶奶在听到小胡真诚的道歉后，只是批评了他几句，然后又开始重新和面，而小胡还一直在旁边，他要给奶奶做助手，因为他知道自己还没弥补完自己的错误呢！

知识拓展

1. 如何向他人道歉

首先，妈妈要跟孩子强调，道歉要表达出真诚的歉意和内心的悔过之情，不能敷衍和虚伪，要展示出自己对错误的认识和愿意改正的态度。其次，告诉孩子，意识到自己的错误后应尽快道歉，拖延只会让问题变得更复杂。最后，给孩子传授道歉的方法，例如当面道歉、书面和电话致歉等。无论哪种方式，都要传达道歉诚意，表现自己愿意弥补过错的决心。

2. 道歉的步骤

孩子的认知能力有限，需要妈妈将道歉的步骤具体地演示出来。妈妈要告诉孩子，道歉首先要承认错误，随后以真诚的态度向他人表达歉意，最后作出保证，日后绝对会改正错误，也不会再犯。同时要给予他人一定的时间接受自己的道歉，不要用道歉绑架他人必须原谅。

3. 妈妈引导孩子

首先，妈妈要以理解和尊重的态度，倾听孩子的观点和感受，了解他们的内心世界。其次，与孩子进行开放、诚实的对话，帮助他们分析错误的原因，了解自己的行为对他人和自己造成的影响。最后，通过提问，让孩子思考错误行为的后果和可能带来的影响，培养他们的责任感和自我反思能力。

吵 架

纪云和纪如又吵架了，夏红去劝她们……

如果获得他人帮助，请教会孩子主动道谢

孩子是国家和民族的未来，因此妈妈应该重视孩子的文明礼仪教育。在培养孩子礼仪教养的过程中，妈妈是最重要的引导者，除了负责教育和引导孩子拥有良好的文明礼仪外，还要给予孩子良好的成长环境，为孩子日后走向社会的文明礼仪养成奠定坚实基础。

思维延伸

孩子长大后一定会与外界产生交流，因此妈妈要提早告诉孩子，如果得到别人的帮助时，应该学会感谢他人的善意和付出。这不仅是一种礼貌的表达方式，还是对他人付出的一种肯定和鼓励。妈妈要让孩子们明白，常怀感恩之心对待他人的帮助，同时也要主动帮助他人。通过教育孩子学会感恩和帮助他人，可以培养他们的责任感、友善和乐于助人的品质。在日常生活中，教师和妈妈要引导孩子学会感恩、学会道谢，并教授他们正确的礼仪和社交技巧。当孩子向我们表达感谢时，我们应该及时回应他们的感谢。这不仅可以加强与孩子之间的亲密关系，还可以进一步巩固他们学会感恩他人的意识。

故事在线

夏天的傍晚是蒋苗特别喜欢的时间段，每次吃完晚饭，她都喜欢带着儿子小严下楼走走，有时候还会运动运动。

今天因为做饭的时间早了一点儿，所以蒋苗就想到楼下空旷的地方打羽毛球。

打羽毛球对于普通人来说是一个趣味性比较强又不太累人的运动，所以蒋苗和小严都喜欢打羽毛球，但是在小区里打羽毛球，总是容易碰到一个问题——羽毛球被打到树枝上。

蒋苗带的两个羽毛球都挂在了树枝上，没球打了，她和小严只能在树下望着羽毛球想办法。

“这棵树也不好爬，不然我就上树捡球了。”小严觉得可惜。

小严还想把羽毛球拍扔上去，以求把羽毛球顺下来，但是被蒋苗阻止了。因为她担心小严会不小心砸到人。

就在母子俩想就此回家的时候，一个陌生人突然拿着长长的棍子走了过来。只见他用棍子往树上戳了几下，掉下了一个羽毛球，他又晃动了几下木棍，又抖下了一个羽毛球。

在这个陌生人的帮助下，蒋苗的两个羽毛球都拿回来了。蒋苗感谢了这个陌生人，她注意到小严没有吭声，拍拍小严，想让他也说句感谢的话。但是小严只是把羽毛球捡了起来，走到了对面向蒋苗发球。

陌生人离开之后，蒋苗走到小严身边，问他："你刚刚为什么没向帮助我们的叔叔道谢？"

"还要说谢谢？"小严很疑惑。

这叫什么话？

"别人帮了你，你当然要说谢谢了，怎么能这么没礼貌呢！"蒋苗很不满意小严这个态度。

"可是刚刚妈妈您已经说了谢谢了。"

"我是我，你是你，你应该养成被别人帮助后道谢的习惯。"蒋苗说，"刚刚我就在提示你道谢，但没想到你一句话没说就捡球去了。"

“我还以为你是叫我去捡球呢！”

得了，蒋苗算是明白了，在她儿子眼里，道谢就完全不在字典里呗！所以下意识地以为自己是叫他去捡球，疑惑为什么要说“谢谢”。

“儿子，”蒋苗的表情很严肃，“你不要觉得自己没道谢是一个微不足道的问题，这其实很严重，因为你在把别人对你的帮助视为理所当然，长此以往，我怕你会陷入‘以自我为中心’的世界里。妈妈不希望你变得这么冷漠，妈妈希望你能做一个懂得道谢的温暖的人。”

“小严，以后如果有人帮助了你，一定要说‘谢谢’，养成习惯，好吗？”

小严答应了蒋苗。以后每次有人帮助自己的时候，小严都会提醒自己要跟别人道谢。渐渐地，小严变成了一个别人口中的非常礼貌真诚的好孩子。

蒋苗将小严的变化看在眼里，她感到很欣慰。

智慧启迪

学会表达感谢和歉意是孩子们人生中的重要一课，谦逊有礼的人往往更容易被社会接纳。然而当前大部分孩子不愿意对他人表达感谢，原因有三：其一，妈妈的教育方式较为严厉，孩子产生抵触情绪；其二，家庭环境缺乏谦逊有礼的氛围；其三，父母溺爱孩子导致其认为他人的帮助理所应当。无论哪一种原因，妈妈都应采取积极的教育方法，让孩子明白谦逊有礼的重要性。

温故知新

“筱沁，你打算什么时候去商场给你们班的熙熙同学挑礼物？”许晨问女儿。

“熙熙最近没有过生日呀？为什么要给她挑礼物？”筱沁想了一下，熙熙的生日还有几个月呢，最近也没有什么节日，为什么要给她送礼物？

许晨真想敲敲筱沁的脑袋：“你忘了吗？上次你参加市里举办的钢琴大赛时把身份证落在了学校，如果不是熙熙请假出来给你送身份证，你还能参加比赛，取得一等奖的荣誉吗？”

“当时我已经说了谢谢了呀……哎哟！”

终于，许晨还是动手敲了筱沁的脑袋。

“人家熙熙帮了你这么大的忙，你就只说一句谢谢吗？”看到筱沁迷茫的眼神，许晨不由得在心里感叹女儿的傻，“熙熙特地请假出来给你送身份证，帮了你大忙，但是她自己呢？花费了时间和金钱，甚至还落下了半天的课！这个忙可不能只说一句‘谢谢’就够了，你最好能送一个小礼物去感谢她。”

筱沁听明白了：“所以如果只是一些微不足道的帮助，只说一句‘谢谢’就可以了，如果有人帮了一个大忙，最好送上一个礼物去感谢。”

“还有，你要记住别人对你的帮助，以后有机会，你要还回曾经帮助过你的人。”许晨补充道。

“那还等什么，我们现在就出发吧！”筱沁等不及要去给熙熙选礼物了。

这一天，许晨和筱沁逛了一天的商场。为了能够挑选出熙熙会喜欢的礼物，许晨任由女儿拉着自己逛了很多家店，挑选了很久，终于确定了要送出去的礼物。一天下来，徐晨觉得自己的脚都要断了，但是她却很开心，因为筱沁在很认真地感激帮助过自己的人。许晨相信，筱沁会一直保持这样澄澈的感恩的心。

知识拓展

1. 让孩子学会感谢

妈妈们可以将以下几种方法传授给孩子。第一，用真诚的语言表示感谢，更能让对方感受到自己的真诚；第二，送对方一份小礼物来表达感谢，让对方感受到你的用心和感激；第三，通过恰当的行动来回报对方，在表达感谢的基础上还能够建立起互助和信任的关系。

2. 让孩子拥有感恩之心

首先，父母应以身作则，时常表达感恩之情，让孩子在感恩的氛围中成长；其次，让孩子参与家务分摊责任，使其学会感恩家人的付出；再次，在家庭中设立一个感恩时段，用来分享和表达大家对彼此的感恩之情；最后，鼓励孩子参与一些爱心项目或志愿者活动，让他们理解自己拥有的幸福，并且学会感恩他人的帮助。

3. 让孩子主动表达谢意

首先，妈妈要注意教育的态度，耐心引导孩子；其次，给孩子树立榜样，在生活中主动表达谢意，以自身的事例教育孩子理解“谢谢”两个字的含义；最后，及时回馈孩子的感谢，让孩子养成习惯。

礼 物

许晨陪筱沁一起去买感谢的礼物……

篇末问卷

1. 你觉得打招呼这件事重要吗？为什么？你是否做到了热情主动打招呼呢？

2. 在你看来，诚实守信是否是一种重要的品德？说谎又将会造成什么后果呢？

3. 如果一个人随意打断他人讲话，你觉得这种行为礼貌吗？我们又该如何在现实生活中做到尊重他人呢？

4. 你是如何看待主动承认错误并道歉这件事的？如果你不小心犯错了，你会如何处理呢？

5. 如果别人帮助了你，你是否会主动向对方说声谢谢呢？你觉得一句“谢谢”能产生哪些奇妙的人际效应呢？